比讚美、肯定更有效的人際關係法則

不否定的練習

否定しない習慣

林健太郎——著

沈俊傑——譯

前言

「希望備受旁人的喜愛和信賴。」

「想建立更好的人際關係。」

「想幫助下屬成長。」

「想好好養育孩子。」

「希望學會溝通時不生氣、不責罵。」

你是不是也這麼希望呢？

是的話，請務必將這本書讀到最後。

本書介紹的方法，能幫助你有效且急遽改善工作和生活上的人際關係。

你好，我是林健太郎。

我自二〇一〇年成爲專業教練以來，已擔任超過八百位日本代表性大企業、外資企業、新創公司、家族企業經營者和領導者的教練。

從事教練的過程中，我也觀察到各式各樣的人際關係，舉凡上司、下屬、同事之間的關係，以及朋友、伴侶、親子之間的關係。

這些人際關係要如何改善呢？

常聽到的方法是「讚美」。

無論是工作或育兒，方法百家爭鳴，比如「要讚美」「要肯定」「必要時得責罵」。當然，這些都是不錯的方法。

然而，我自己與眾多經營者、高階主管和商務人士接觸後，得出了一個結論。

這個結論既不是「讚美」，也不是「肯定」，更不是「責罵」。

最有效且能急遽改善人際關係的方法是——

「不否定」。

人際關係上，最重要的事情莫過於「不否定對方」。這個方法相當簡單，卻比讚美、肯定或責罵的效果好上數倍，可以顯著改善人際關係。

「不否定的習慣」如何改變工作和人生

「我沒有否定對方啊。」

「我不是否定，只是陳述事實。」

「誰不會說『但是』『可是』呢？」

可能有人會這麼說。

實際上，許多人並沒有意識到「自己否定了別人」，甚至聲稱自己是

「爲對方著想才說出那樣的話」。然而，對方卻覺得自己被否定，導致關係的惡化。

話說回來，怎樣算是「否定」呢？

本書所謂的「否定」，並非單純指「但是」「可是」等否定的詞彙。

本書所謂的「否定」

- **不認可對方的話語、想法或行爲的結果。**
- **打斷、忽視對方的意見或強行改變話題。**
- **責備對方的錯誤或失敗。**
- **不認眞傾聽對方的煩惱。**

這些都屬於否定的行爲。

可能有人會想：「這樣也算否定？」然而，從對方的心理來看，這些行爲確實會讓對方覺得被否定。

許多人會無意識地做出否定的行為，可以說是「無意識的否定習慣」。改變這些「無意識的否定習慣」，培養「不否定的習慣」，人際關係將大幅改變，許多人際關係上的煩惱也將迎刃而解。

不否定的溝通有以下優點：

- **更容易受人喜愛，不容易被人討厭。**
- **別人和你相處會覺得自在。**
- **能夠坦率地交流意見與對話。**
- **增加有建設性的討論和對話。**
- **對方更容易肯定自我。**
- **下屬更容易成長。**
- **對方不會因失誤或失敗而受到責備，更願意挑戰新事物。**
- **減少負面思維。**
- **更容易建立信任關係。**

- **減少人際糾紛。**
- **更容易延續話題。**
- **提升「傾聽能力」和「認可能力」。**

以上僅舉些許範例，其實效益多到數不清。

要做的事情相當簡單，效果卻萬分卓越。

與其「讚美」或「肯定」，「不否定」才是建立良好人際關係的關鍵。

或許有人會覺得：「要改掉無意識的否定行爲好像很難……」

別擔心。「不否定」是一種技術。

實際上，專業教練運用的正是「不否定的溝通技術」。因此，只要有心，任何人都能改變習慣，學會這項技術。

只要了解「不否定的溝通技術」，加以實踐，就會培養出「不否定的習慣」，進而急遽改善你的人際關係。

若本書能幫助你改善人際關係，讓人生變得更好，身爲作者，沒有比這更值得開心的事情了。

林 健太郎

目次

第3章　學習「不否定的技術」

第4章 培養「不否定的習慣」

第5章　建立「良好人際關係」的對話技術

第1章

無意識否定他人的心理

「爲對方好而否定」的心理機制

你可能不知不覺否定了別人

許多人會不自覺地否定他人。

本書最初的章節，我們先聊聊這種心理機制。

我相信絕大多數人都有「不要老是否定別人」「接納他人很重要」的觀念。

爲什麼我們明知道應該如此，卻還是會否定他人呢？

讓我們一起思考這個問題。

首先，請想像一下：

如果你讀小學的孩子，告訴你他將來想當太空人，你會怎麼回應？

「怎麼可能，不可能啦！」

「你知道那要花多少錢嗎？我們家沒那麼多錢。」

「你腦袋沒那麼好吧？」

我想大多數人不至於會說出這麼難聽的話。

我相信當父母的都希望盡己所能支持孩子的夢想。

然而，支持歸支持，卻又希望孩子抱持實際一點的夢想和目標。出於無意識的父母心，希望孩子「早點從不可能實現的白日夢中醒過來」。

即使沒有當場否定孩子，仍可能無意識產生否定的心理。這樣的深層心理可能會表現出以下行爲：

・對孩子想成爲太空人的話題置之不理。
・不認眞傾聽孩子的問題。
・引導孩子走父母希望的出路。

這些行爲都沒有惡意，反而都是出於「爲對方好」的心態，是「愛的反面」。這就是「爲孩子好而否定」的心理機制。

絕大多數的否定都沒有「惡意」

我的父母就是這樣。我讀國中三年級的時候，認眞地告訴他們「我想成爲F1賽車的空氣動力學設計師」。

他們聽了十分驚訝。

我清楚記得，父親一副傷腦筋的樣子對我說：「你啊，難道不能挑個普通一點的夢想嗎？我明白你的意思啦……」母親聽了也不置可否。學校老師則送我一句勸世良言：「別說這種莫名其妙的話，好好考慮升學的事情吧！」

如今回想起來，我也明白父親和老師並沒有惡意，只是出於「大人的常識」才那麼說。然而，這麼做確實也在無意間扼殺了孩子的可能性。這些「否定」的前提是「爲對方好」，舉著「爲對方好」的名義，合理化否定的行爲。

無意識否定他人的習慣，麻煩就麻煩在沒有惡意。

「會否定的人」與「不會否定的人」

美國諮商師對我的啟發

說出自己的夢想會遭到否定……

國中時的我對此深信不疑。烙印在我心上那份對父母和老師的情感，包含「憤怒」與「彆扭」。

「明明是你們問我『將來想做什麼』，說了你們又否定我，這不是代表你們打從一開始就已經有答案了嗎！」

那些大人的回應，似乎只是希望我說出他們期望的「答案」。

當然，如今我也能夠理解父親和老師當時那麼說的用意。

忿忿不平的我，後來發生了很多事，於是赴美留學。我留學的學校有一位「升學諮商師」。

諮商師問我：「健太郎，你將來想做什麼呢？」我雖然心想對方又要否定自己，但還是說出：「我想成爲F1賽車的空氣動力學設計師。」

然後，諮商師這麼說：

「太棒了。我們一起來想想要如何實現吧！」

這種反應與過去完全不一樣，反而是我很驚訝：「這夢想很棒嗎？」

老實說，這種回應令我備感新鮮，感覺終於有人認可我的夢想，我可以暢所欲言。

雖然有人認可我的夢想，但聽到對方說「我們一起來想想要如何實現這個夢想」，我卻發現自己根本沒有具體的想法。我這才意識到，以前被父親和老師否定時，我明明那麼生氣，然而，碰到有人贊同時，我卻沒有任何實際的想法。

這份經驗對我來說很珍貴，讓我明白「這種溝通方式可以讓對方認清現實」。

不被否定會怎樣

這兩種極端的體驗，以及近年來從事商務人士教練的經驗，讓我明白了一些事情：

- **不斷遭到否定會使人憤怒。**
- **不斷遭到否定會使人無法敞開心胸說話。**
- **不斷遭到否定會使人難以建立信賴關係。**
- **不斷遭到否定會使人喪失信心，無法肯定自我。**

反過來說：

- **不否定，人會產生正面情感。**
- **不否定，人會更願意溝通。**
- **不否定的溝通，可以建立信賴關係。**
- **不否定的溝通，可以增加信心，肯定自我。**

這些都是很簡單的「事實」。

也許有些人會疑惑：「你是在說什麼理所當然的事情……」沒錯，這是理所當然的事情。然而，另一項不爭的事實是，儘管我們明白這點，卻依然會有意無意地「否定」他人。

「不否定」帶來心理安全感

比「正面思考」「讚美」更有效的方法

我在前言也提到，停止否定的好處不勝枚舉。

其中特別大的好處是，能夠確保人與人相處時的「心理安全感」。

商業領域很注重心理安全感的概念。

「心理安全感」是哈佛大學組織行爲學家艾美．艾德蒙森提出的心理學術語。

Google 於二〇一五年發表了一項研究結果，指出「擁有心理安全感的團隊或組織，績效傑出」。這份研究也使得心理安全感的概念廣爲人知。

簡單來說，心理安全感是「團隊中無論誰說了什麼，提出什麼樣的意見、舉出什麼樣的疑問，都不必擔心被否定或拒絕」。

相反的，人一旦被否定（或被拒絕），會頓時陷入不安，導致表現下滑。

因此，無論溝通什麼事情，如果知道對方「不會否定自己」，就能放心交流自己的想法。

雖然一般提到心理安全感時，都和商業有關，才會讓人以爲這是屬於團隊、組織的概念。但其實，只要是人與人之間的溝通，都需要心理安全感。

當你養成「不否定」的溝通習慣，就能在人際關係中建立心理安全感。

這會帶來什麼樣的變化呢？

站在對方的立場，會覺得你是這樣的人：

・不論我說什麼，你都會聽我說。
・我可以坦率說出自己的想法。
・我可以安心找你商量、交談、討論事情。
・我不會因爲大失敗或小失誤而挨罵。
・我做不到某些事情也不會被嘲笑。
・我能夠好好做自己。
・和你相處起來感覺很自在。
・工作起來更有意思，更有動力。

如何？

這只是其中一些例子，不過，我相信你看了這些例子就能夠明白，藉由「不否定」確保心理安全感，可以建立更好的人際關係。

雖然社會一直鼓吹「正面思考」和「讚美」的重要性，但其實不需要想得那麼複雜。

只要做到「不否定」就好了。

目前爲止，我已經說明了停止否定的效果，但重要的是，**雙方不否定彼此的溝通方式，效果會更好。**

心理安全感不是一個人就能營造出來的，必須由雙方共同建立不否定彼此的關係，打造沒有否定和拒絕的環境，如此才能確保心理安全感。

爲此，我們能做的，就是停止「否定式溝通」，養成不否定的習慣。

說自己「沒有否定」的人，往往不自覺地否定

自己都不知道的否定行爲

「等一下，我並沒有否定對方的意思。」

「確實有些人會否定別人，但我不會。」

每當我談及否定式溝通的弊害，總會有人搬出這種說詞。很多人嘴上說著「確實有些人會否定別人」，卻鮮少想到那個人就是自己。

本書所謂「會否定的人」，不限於那些「不由分說，只會用『但是』『可是』來否定對方的人」。當然，這些人也包含在內，但這並不是唯一情況。

大家平時與人溝通時，是否經常做出以下事情呢？

- **對方話說到一半就打斷對方，開始講自己想說的。**
- **對方表達意見後，說：「那樣也不錯，但是……」接著闡述自己的意見。**
- **聽對方說話時沒看著對方，邊聽邊做其他事情。**

這些行爲的共通點是「口頭上沒有否定對方」。

日常生活中應該很常發生這些情況。舉例來說，有些人會在伴侶說話時，一邊滑手機，敷衍應答。

這毫無疑問是一種「否定」。

「否定」的能量意外地可怕

最不該說出口的「否定」話語

「但也有不得不否定對方的時候吧。」

「難道別人做錯事也不能講嗎？」

也許有人會這麼想。這麼說也沒錯，某些情況下，我們可能很難「不否定」對方。尤其商業上，爲了做出合乎經濟效益的決定，當對方的判斷或行爲出錯時，我們必須予以否定。因此，否定並不完全是壞事。

然而，「否定」具有一股力量，會將事情推向比想像中更負面的方向。

更大的問題是，很多人對「否定」的力量滿不在乎。

這裡我想問大家一個問題。

如果我問你「絕對不能否定的是什麼」，你會想到什麼？

請稍微想一想。以下是我的答案：「絕對不能否定的，是對方的存在本身」。

- **想想如果公司表示不需要你了……**
- **想想如果你在學校被一群人當作空氣……**
- **想想如果不管你說什麼，都沒有人願意聽……**

這些行爲都相當於「否定對方的存在本身」。

當我們的存在受到傷害，當我們的尊嚴受到傷害，心靈也會受到重創。

當然，我相信本書的讀者不至於做出那麼嚴重的否定，不過，許多人卻會不經意地否定他人的「意見」。

即使你認為自己只是「否定對方的意見」，對方卻有可能將「自己的意見被否定」，視同「自己被否定」。

好比說：

「我拚命想出來的企畫案被全盤否定了。」

「我在會議提出自己認眞思考過的意見，卻沒有人願意聽。」

提出否定的人，或許覺得自己只是「否定意見」，但是被否定的人，往往會認為「自己的存在被否定了」。

換句話說，否定不一定是有意的、明顯的。

否定並不限於「但是」「不對」等否定的詞彙，或是指責錯誤等明顯的形式。請各位謹記，即使說者無意，聽者也可能有心。

沒有惡意，也可能存在「否定」

這裡分享實際發生於某商業團體的故事。

該團體會定期召集各家企業的人資專員舉辦研討會，多年來，都是由A自願擔任研討會的司儀。

有天，A準備退出團體，因此有了「接班人」的問題。

由於該團體一向都是交由負責人自主決定事情，所以A沒有事先詢問過祕書處，就公開向所有成員徵求司儀一職的接班人。

結果，一位才加入兩個月，只參加過一次研討會，還不熟悉活動流程的人自告奮勇。這下祕書長頭痛了。

即使該團體的風氣是自主、自由，祕書長也沒想到A會自作主張，沒事先詢問過他，就公開向所有成員徵求「該團體主要活動的司儀」這樣的要角。

結果就是，一個還不熟悉該團體事務、成員和活動流程的人舉了手。祕書長對此感到不安。

於是，他判斷自己「必須介入」。

祕書長謹愼再三，然後向A說明：

「這次事關遴選司儀這樣的要角，我希望你事先找我商量，別一個人做決定。我知道你這麼做是出於責任感，但這是攸關整個團體的課題，你有沒有先和參與營運的人商量過呢？如果沒有的話，請你重新召集祕書處的成員，商討過後再決定選拔標準。」

殊不知，A聽了大爲光火，覺得自己被全盤否定。他說：「我認爲要對自己的離開負責，出於好意才幫忙的，不然我根本不需要做這些。眞是好心沒好報。而且我只是志工，又沒拿半毛錢，你這麼說未免太過分了！」

後來，他逢人就說：「這個團體眞的很差勁！」連接班人都還沒確定就走人了。

毫無疑問，祕書長完全沒有對A人身攻擊的意思，他只是擔憂研討會無法順利進行，認爲候選人現階段難以勝任司儀一職，也擔心他會因此吃上苦頭，所以才插手。

結果卻造成誤會，搞得彼此不歡而散。

由此可見，即使沒有惡意，也可能因爲不當的表達方式而激怒對方。

「否定」從何而來

我們不習慣被否定

這裡我想稍微談談東西方對於「否定」這件事的想法差異。

歐美國家是多元種族共同生活，「人人都能自由表達意見」的文化已經根深柢固。

日常生活中也經常聽到類似以下的對話：

「你剪頭髮啦。我比較喜歡你之前的髮型。」

「也有人這麼說，但我就是想挑戰看看新髮型。」

「這樣啊。我明白你的意思。」

歐美文化會「將對方的想法單純視爲一種意見」，即使不贊同，也尊重對方有自己的做法和想法。實際上，歐美人即使不「同意」（Agree），也有「我明白你的意思」（I see your point）這樣的表達方式。

多元文化與思想交錯的歐美國家，更重視這種接納多樣性的對話方式。

相反的，亞洲國家的溝通方式相當曖昧，習慣「點到爲止」「從上下文推敲語意」。

我經常和外國人共事，也試著分析不同國家的溝通習慣。根據我的分析，亞洲人溝通時往往不會表明自己的想法，具有「察言觀色」的文化色彩。

「察言觀色」意味著對方話還沒說完，就推敲對方的意圖。前面分享的商業團體的故事，也發生了揣測對方言外之意的情況。

換句話說，A將對方「指責自己的行為」，解讀成自己被全盤否定。

從這個角度來想，「歐美式溝通」與「亞洲式溝通」最大的差異，在於前者即使直接否定，也會因為擁有多樣性的觀點，能夠接納對方的意見；後者則講究從對方的話語間「察言觀色」。

針對這一點比較，可以說相對於歐美國家，我們比較不習慣「被否定」。

我並不是要說「在國際社會上，清楚表達自己的意見是對的，所以我們也應該這麼做」。

忽視文化差異，一味地推崇「歐美式溝通」，只會在實際溝通時造成問題。

既然現實是我們不習慣被否定，我認為，**採取不否定的言行與溝通方式，才是合理的做法。**

隱晦式溝通的背後

讀到這裡，你可能會有個疑問：

「爲什麼我們不習慣被否定？」

各位可能會想，世界各地都有否定的詞彙，每個國家之間應該沒有差異才對。但我認爲，文化背景還是會造就些許差異。以下是兩個可能的原因：

①村落社會觀念的影響。

②缺乏直接表達NO的說法。

我們依序來看。

俗。

① 村落社會觀念的影響

普遍來說，不論是好是壞，我們的生活依然保留了「村落社會」的習俗。

「村落社會」是指以村里為單位的社會。擁有相同生活習慣的人們聚集起來，形成一定的秩序，違反秩序的人會被排除在外，是具排他性的社群。與周圍人們想法不同的異類，情況慘一點的，可能會被村里放逐。我認為這種古老農耕民族的觀念基因和文化，至今依然存在於我們心中。

我們不太會基於個人判斷否定對方，更傾向以「常識上應該怎樣」「常理上應該怎麼做」為由，否定那些不符合周圍眼光或社會常識的事物。

「到了一定年紀就必須結婚」「在意世人目光」之類的事情，也是出於「村落社會」的文化背景。

因此，當我們「被否定」時，便會下意識覺得「自己再也無法待在這裡」，進而產生強烈的不安和恐懼。

② 缺乏直接表達NO的說法

另一個特徵是，我們很少直接說「NO」。

雖然有表達「是」「否」的詞彙，但我想大家日常對話中應該不常用到「否」。

舉個例子，在美國餐廳，當服務生問你：「要不要再來點麵包？」如果不需要，你肯定會回答：「No, thank you.」（不用了，謝謝。）直接表達「NO」。

但在日常生活中，我們不偏好這種直截了當的說法，反而比較常使用「沒關係」之類的詞彙代替。

雖然這是「語言的美感」，不過這種表現，完全體現了我們不喜歡直接表達「NO」的傾向。

我想這種語言特質，也多少使得我們「被否定」時，會感覺受傷。

既然我們不習慣被否定，那又爲什麼會否定別人呢？

這也是受到「村落社會」的影響，我們會否定偏離常理的人。

否定對方的同時，也能保障自己在社群中不受攻擊。只要攻擊對方，強調自己屬於正義的一方，就不必擔心會被抨擊。

本書的主旨並非挖掘不同文化的背景，所以我們就此打住。不過，我總覺得我們變得比以前更「喜歡否定他人」，好比有些知名人士稍微說錯話，眾人就會在社群媒體上大肆撻伐。

但有這種文化，並不代表我們無計可施。

我相信，只要養成「不否定」的習慣，尊重對方的存在、意見、想法，就能構築更好的人際關係。

不再否定後，許多事情都能順利進展

換個說法，結果就截然不同

本章最後，我來分享自己的例子。

我曾經在印刷公司擔任業務，當時，有位客戶委託我：

「這個部分，可以幫我印白墨嗎？」

其實常有客戶提出這樣的要求。有些讀者或許知道，原則上，膠印是沒有白墨這種東西的（絲印雖然有白墨，但並非一般印刷業常用的方法。如果是印「滿版色塊」，比方說，整個版面都印藍色，只要文字部分不上墨，就能呈現出白色文字）。

當我向對方說明「沒有白墨這種東西」，許多客戶都會火冒三丈。

「怎麼可能！你幹這一行的，怎麼連白墨都不知道！少在那邊嫌東嫌西的，叫你做你就做！」

就算叫我「做」，但沒有白墨就是沒有白墨，沒有的東西，想做也沒得做。

「不，我說了，沒有白墨這種東西。」

「我說有就有！」

當時大概一個月會出現一次這種口水戰，所以，從某個時候開始，我改變了應對方式。當客戶說「這裡印白墨」時，我決定一概不否定。

客戶：「這裡印白墨。」

我：「白墨是嗎？您是希望文字呈現白色，看起來清楚一點，對不對？」

客戶：「對，我就是想要文字印白色，看起來清楚一點，拜託你啦。」

我：「文字要白色、要清楚，這樣能不能交由我們處理？」

客戶：「好的，沒問題。」

經過上述對話後，交付成品時，我會展示成品並說明：

我：「由於背景是紅色，所以我先印紅色，再拿掉文字部分的顏色，這樣字就變得相當顯眼。您覺得怎樣，白色部分很清楚吧？」

客戶：「哦，原來還有這種方法啊。」

這麼一來，客戶不但心滿意足，回去還可以向下屬炫耀：「你知不知道怎麼把白色文字印得一清二楚？」

這種方法在心理學上稱作**「重新框架」**。同一件事，從不同的角度重新詮釋，就能改變對方的印象。

爭論到底有沒有白墨根本無濟於事，而且也沒必要爭出誰對誰錯。別再玩否定的傳接球了，不如表示自己有更好的做法，請對方交給你處理，這樣一切就能圓滿解決。

一位葡萄酒侍酒師的故事

我再舉個例子。這是某位資深葡萄酒侍酒師的故事。

侍酒師的工作是爲顧客提供搭配餐點最適合的葡萄酒，幫助顧客度過愉快的時光。因此，絕對不能否定顧客說的話，掃顧客的興。

有一次，某位客人問侍酒師：

「我想要○○品牌的紅酒。」

這位客人大概是想向女伴展現自己很懂葡萄酒。但很不幸的，該品牌只有白葡萄酒。

面對這種情況，侍酒師當然可以輕易說出：「這位客人，○○是白葡萄酒的品牌。」但這麼做只會讓客人難堪。

這時，侍酒師說：

「眞不巧我們沒有準備這款酒。爲您提供這款風味幾乎相同的○○紅酒如何？」

這麼一來，便能相安無事，避免讓客人丟臉。

像這樣，即使對方搞錯，我們否定、甚至戳破對方，也不會有好結果。採取「不否定」表達方式，事情反倒會好轉。

「思考要採取什麼樣的表達方式」，就是站在對方的立場，「替對方的理解和感受著想」。

或許有人會認爲「指出錯誤並沒有什麼不妥」，但是雙方一再「否定彼此」，最後也是一無所獲。

即使對方百分之百錯了，我們花點心思調整表達方式，也能大大改變對方的印象和彼此的關係。

第2章

建立「不否定的心態」

何謂「不否定的心態」

不否定的三個基本思維

前面提過，很少人有自覺「自己老是否定別人」。然而，這種無意識的否定，卻是阻礙溝通和人際關係發展的重要原因。

因此，我希望大家能夠培養不否定的技術和習慣。在學習這些事情之前，得先擁有「不否定的心態」。

「不否定的心態」意思是，溝通時「警惕自己不要否定對方」。若缺乏這種心態，無論學了再多技巧，也難以應用自如。

要覺察自己無意識的否定行為，也不是件容易的事情。
我想分享我整理的幾個重點。

首先，要建立不否定的心態，有三個基本思維：

①別以為「基於事實就能否定對方」。
②別以為「自己是對的」。
③不「過度期待」。

以下會簡單介紹。
請各位務必先從這三個基本思維開始，培養不否定的技術和習慣。

基本思維1

別以爲「基於事實就能否定對方」

「我只是陳述事實」的想法最要不得

會不自覺否定下屬的上司，經常說出這種話：

「我不是否定你，只是陳述事實。」

「我只是指出你做錯的地方。」

他們常常提出這樣的反駁，但這其實大有問題。簡單來說，正因爲是事實，所以才更糟糕。這種「我只是陳述事實」的想法，會肯定並合理化自己否定、責備對方的言行。

有時候，講理會淪爲武器，成爲攻擊對方的理由，十分危險。但開會討論事情時，我們確實需要基於道理和事實回饋意見。

舉個例子，假設某位下屬太少跑業務，於是上司說：

「你是業務，怎麼幾乎沒看到你開發新客戶？要是這個月業績沒達標怎麼辦？」

我相信這種情況在職場上屢見不鮮。

如果只說這些，那還算好。但有些上司起了一個頭，接著便開始數落對方沒做好的地方，諸如「你上次也犯了錯」「你經常遲到」「藉口一大堆」，念個沒完沒了。

即使這些都是事實，指責也有理，但也會令對方感到困窘。

這種人往往認爲自己「只是陳述事實」，雖然是指責，卻不是在否定對方。

想像「對方聽了會有什麼感受」

我希望各位思考的，不是「自己有沒有否定對方」，也不是「你說的是不是事實」，而是**「對方聽了會不會覺得你在否定他」**。

想像「對方的感受」，這是「不否定的心態」非常重要的一點，請銘記在心。

首先，我們要意識到「自己在否定對方」，或是「說了對方可能認爲是否定的話」，否則一切無從開始。

因此，「自認沒有否定的人」比「為了培養下屬而有意識地否定的人」更糟糕。請大家即刻覺察，自己或許在不知不覺中否定了對方，傷害了對方。

覺察這一點的方法，就是觀察對方聽了你的話之後的「態度」。

- **悶悶不樂。**
- **低頭不語。**
- **緊握拳頭。**

如果對方看起來態度消極，很可能就是因為你否定了對方。請記得，每次交談後，檢查自己有沒有否定對方，藉此慢慢覺察自己是不是會不自覺地否定他人。

「覺察自己有沒有否定對方」，是培養「不否定的習慣」的第一步。

千萬別以為：「因為是對方出錯，這是事實，所以我愛怎麼說就怎麼說。」**即使你說的是事實，也請想想「對方聽了會有什麼感受」，這才是最重要的。**

基本思維2

別以爲「自己是對的」

「爭對錯」也爭不出什麼

這年頭，大家很喜歡「打臉」一詞，針對某事爭論誰對誰錯，似乎成了一種普遍的風氣。

儘管以工作來說，眾人在一項專案上出現分歧的意見時，確實會辯論「A方案和B方案哪個更有效」，決定取誰捨誰。

然而，日常溝通上，一旦以「爭對錯」爲前提，就容易引發爭端，讓其中一方感到不快。

政商領域上，較常出現需要駁倒對方、爭贏對方的狀況，但絕大多數的生活情境下，都沒有爭對錯的必要。

重要的是接納多樣性，認可「不同的意見」。況且，絕大多數的情況下，都是公說公有理，婆說婆有理，不會有一方全然錯誤。

華盛頓大學名譽教授、心理學家約翰・高特曼博士表示：**「成年人的人際關係問題與挑戰，六九％沒有明確的答案。」**

這意味著，人際關係問題大多不像數學那樣有「唯一的正解」。既然討論的問題沒有明確的答案，那麼「爭對錯」就解決不了問題。

我一位朋友與他的妻子曾經爲了「要不要讓孩子讀國際學校」險些吵起來。

兩人的意見完全相反，妻子主張：「孩子從小讀國際學校，將來就不必爲了英語煩惱。」

朋友則認為：「孩子連日語都還講不好，沒必要學英語。」

就像這個例子，很多時候，「不同的意見」會演變成「否定對方的爭論」。

由於彼此意見相左，雙方都擁護「自己心中的正確答案」，進而引發爭執。就算其中一方爭贏了，關係也必定會留下裂痕。

儘管當下爭執暫且平息，一旦再次碰上意見分歧的問題，舊事也會再次被提起。

不否定不同意見，找出共同目標

互相主張「自己才是對的」，否定和自己想法不同的意見，到最後誰也不會開心。

重要的是，體認到**「意見分歧」並不等於「否定」。**

意見分歧是很正常的事。

我們應該做的是，理解不同的意見，建立共同的目標，或者說「找出共同的目標」，可能更貼切。

以前面的例子來說，儘管夫妻倆在「就讀附近學校」和「就讀可以學英語的學校」上意見不同，但也有共同的目標，像是「希望孩子快樂成長」「希望孩子在令人安心的學校過得開心」。先理解彼此是朝同一個目標前進，然後將注意力放在這個目標上。

彼此不是互相競爭的對手，而是盟友，是擁有相同目標的夥伴。

明白這一點後，接下來要了解對方的想法，詢問對方「想怎麼做」。

接著在擁有共同「目標」的基礎上，尋找彼此都能接受的「平衡點」。

這對夫妻經過討論，找出彼此共同的目標後，先去參觀了幾所可以學英文的學校，最後決定讓孩子讀附近的日本學校，同時參加體驗式英語教室。

像這樣，我們應該停止「爭對錯」「爭輸贏」的辯論方式。即使意見不同，也不應該互相否定，而是將方向修正爲「尋找結合兩方意見優點的選項」。

基本思維3

不「過度期待」

對自己施一句咒語：「他已經盡力了」

「否定」的其中一種情況是：「對方不符合我們的期待」。

「期待」是正面詞彙，因爲相信對方有能力，所以才會產生期待。

然而，當別人辜負了我們的期待，便會忍不住否定對方。某些情況下，甚至會怒不可遏，惡言相向。

很久以前，我因爲信賴下屬，將工作交代下去，下屬卻未達到我的期待，我會厲聲斥責：「這樣很不專業！」「你該不會偷懶了吧？」

當然，我並沒有否定對方的意思。相反的，我是因爲對下屬有很大的期待，也相信對方會竭盡所能，回應我的期待，但結果是，我覺得自己「被辜負了」，於是責怪對方。

幾週後，我與一位在美國從事教練的朋友談話，談著談著，我提起了前述下屬的工作表現。

「他啊，雖然很努力，但工作根本達不到及格水準。」

朋友起初也附和我說：「那個人工作效率怎麼這麼差呢。」後來似乎突然意識到了什麼，於是對我說：

「健太郎，我認爲啊，那個人並不是故意表現得很差，也不是想找麻煩，才故意犯錯。對方也是盡力了吧。」

那名下屬做事絕不馬虎、懶散，平常看了就知道，他確實盡己所能，認眞面對工作。只是處理工作的流程和方式出了問題，導致結果不理想。

朋友繼續說道：

「既然如此，就算他的表現遠低於我們的期望，我們也必須認可『他已經盡力了』。」

聽起來一切都很理所當然，只是在工作上，我們仍常常因爲某人表現不佳，而不自覺地全盤否定對方。

我們還會輕易說出「工作效率怎麼這麼差」「無法勝任工作」之類的話，但對方也不是每件事都做不好。

撇除故意犯錯的極端情況，對方也是「盡己所能」了。

更何況，教導下屬工作、培養下屬的工作能力，本來就是上司的責任。

聽了這位教練朋友的話，我深刻反省自己。從那之後，無論下屬的工作表現多麼「不符合我的期待」，也不會當場否定，我腦海中會反射性地浮現一句話：

「他已經盡力了。」

我開始將這句話當作咒語般念誦。

學會這句咒語之後，我更能夠控制自己的情緒。即使下屬或團隊表現不如預期，我也不會動怒，不會說出刻薄的話。

放棄「責怪對方」的選項

但想必還是有人會想：

「可是這畢竟是工作，下屬理當滿足被賦予的期待。成天想著對方已經盡力了，未免太寵下屬了吧？」

確實是如此，但請思考一下。

即使你衝著對方發火，也得不到有建設性的結果。即使能暫且解決工作上的問題，但未來如果再次碰壁，你可能又會任憑情緒擺布，大發雷霆。

這麼一來，下屬根本不會成長，還可能失去信心、情緒低落，進而影響工作表現，搞不好還會離職。

在此，我想提出一個建議。

放棄「責怪對方」的選項，讓「責怪」這個詞從自己心中的字典裡徹底消失。

追根究柢，我們只是「擅自寄望別人」。對方無法滿足我們的期待，也是再正常不過的事情。

要是對方表現不如預期，我們可以改變自己的行動。

- **了解他實際是如何處理工作的。**
- **傾聽他想要解決的問題。**
- **陪同思考正確的工作方法與步驟，幫助他做出你期望的成果。**

比起亂發脾氣，不如好好思考「下屬要怎麼做才能達成期望」「哪方面不足」「可以做到什麼程度」，這麼做更有建設性，對雙方都有益。

溝通別靠「情緒」，想想「後果」

考慮「否定正當化」的後果

當我談及「對方已經盡己所能」的概念，也有一些人會覺得反感，他們會說：

「不對、不對，工作不是努力就好，要是做不好，問題就大了，得嚴厲一點才行！」

所言甚是。基於這種想法，我們確實也可以選擇斥責對方：「這簡直爛透了，你到底在幹什麼！」

這是對話的重大分水嶺，請各位三思而後行。

無論是否定對方：「我知道你盡力了，但你眞的覺得這樣可以嗎？」還是得理不饒人：「我說的絕對沒錯！」這些說法到底會引發什麼樣的後果呢？

否定對方，對方可能會失去信心，導致表現下滑。

這無關正確與否，「一味地否定」根本無法解決問題，還可能導致情況惡化。

這是我們想要的未來嗎？

我們追求的未來，是與對方建立良好關係，引導工作往好的方向發展。

欺壓下屬，隨意將情緒發洩在對方身上，事情並不會好轉。

一味地嚴厲，將導致人際關係破裂

我因爲工作的關係，見過不少領導者。

其中不乏行事風格獨裁的領導者和經營者，總是一意孤行，對下屬嚴厲，對周遭意見充耳不聞。

一個組織擁有這樣強行拉著大家前進的領導者，乍看之下氣勢如虹，但也只有一開始是如此。

這樣的溝通方式，長期下來將導致公司組織或團隊的裂痕逐漸加深，最終瓦解。

我看過許多落得這般下場的組織和領導者。

要否定事情沒做好的人，十分容易。

即使是專業教練，有時也會不小心說出：「再這樣下去情況也不會好轉，我們換個方式吧。」或是：「這部分可能有待加強。」雖然措詞有禮，但依然形同否定對方。

請忍住這種心情，補上一句：**「你也盡力了。」表示自己明白對方的感受。光是這一句話，就足以保障對話和平進行了。**

想一想，你是要否定對方，還是默念「他已經盡力了」的咒語，冷靜下來繼續對話呢？

你在這個時候的選擇，將決定「未來的走向」，這麼說一點都不爲過。

否定源自於「高高在上」的態度

如果浮現「應該論」，就將焦點轉移到自己的行動上

「交辦工作給下屬，下屬卻沒把事情做好。」
「拜託丈夫買東西，結果丈夫買了完全不一樣的東西回來。」
「叫孩子折衣服，結果孩子弄得一團亂。」
「請店員介紹商品，結果店員完全沒辦法好好說明。」

碰到這種情況，我們可能會想：

「你怎麼連這點事情都做不好？」

如果是我，一定能輕而易舉做好這點事情……

我明明清楚交代「買浴室清潔劑回來」……

你平常明明都有看我怎麼折衣服……

你明明是拿薪水做事的店員……

但你爲什麼做不到！

於是不自覺出言否定對方。

這種行爲背後，源自於一種高高在上的想法，認爲「我可以，爲什麼你不行」。

換句話說，「高高在上」的想法會催生出「你應該做到○○」「你應該○○」「你怎麼可能做不到」等等「應該論」。

以店員的例子來說，我們會想：「如果是我，一定能做到這件事」。簡單來說，之所以否定對方，是因爲認爲對方的知識或經驗不如自己。這種想法也會導致自己在溝通時不自覺站在比對方更優越的立場。

仔細想想，或許只是因爲你對這件事情比較熟悉，並不代表你比對方更了不起或更優秀。

即使你是上司，這也不過是公司裡的關係，並不意味著你比下屬高一等。

例如，現在這個時代，年輕員工很可能比資深員工更了解資訊軟體的使用方法。這種情況下，上下關係將完全對調，資深員工反倒站在「向晚輩請教的立場」。

基於「自己比對方懂更多」而成立的上下關係，實質上就只是這點程度的東西。

因此，即使對方在某件事情上因爲經驗少而不順利，也別急著否定對方。

這時可以嘗試以下方法：

①認可對方做到的事情，告訴自己：「他已經盡力了。」

②改變「拜託（交代）對方的方式」，確保下一次能夠順利達成目標。

請先在心中默念「他已經盡力了」這句咒語，冷靜下來，然後將焦點放在自己的行動上。

- 確認下屬的工作狀況，從旁推動進展。
- 將清潔劑的商品名稱寫下來，交給丈夫。
- 先教孩子如何折衣服，再交給他們折。
- 請其他比較熟悉商品的店員來介紹。

這麼做就能阻絕「否定」或「責怪」介入溝通。

與其高高在上、情緒性地否定對方，不如冷靜思考「對方做不到是有原因的」，這樣才有助於想出有建設性的做法，改變未來。

向諧星搭檔學習「不否定的心態」

轉換「否定」的技巧

你聽過「PEKOPA」這對日本諧星搭檔嗎？

成員包含「秀平」和「松陰寺太勇」兩位漫才師，他們在二〇一九年參加漫才比賽「M-1大賽」，一戰成名。表演漫才時，基本上由松陰寺負責吐槽，但他的吐槽方式很特別，是**「絕對不否定的吐槽」**。

一般的漫才，是一個人裝傻，另一個人吐槽：「爲什麼啦！」「最好是啦！」否定對方的荒唐之處來引人發噱。

不過，松陰寺的吐槽並不會否定對方。我認爲他改變了漫才長年以來一個負責裝傻、一個負責吐槽的法則，某方面來說，是一種革命性的漫才表演。

他看似要吐槽對方，吐槽到一半卻又拉回到自己身上，結束話題。

以下從他們的段子擷取松陰寺的一些吐槽例子：

「你開車看哪裡啊！好險我還說得出這句話，代表我人沒事。」

「你不懂？那我來告訴你。」

「你有錯，但錯的是把你變成這樣的這個世界，所以你也沒那麼糟。」

「你最好不記得啦——在別人這麼說之前，努力回想起來吧。」

「你給我站起來！你不站的話，那我只好坐下來了。」

聽起來是不是很痛快？

這種「不否定的吐槽」相當受歡迎，也讓他們迅速竄紅。說得拗口一點，他們「成功翻轉了現代社會否定他人的文化，將之轉化爲笑料」。

保留「或許有其他可能」的思維

PEKOPA的漫才表演包含了「不否定」的心態，相當具有參考價值。

實際上，如果上司用這種方式對下屬說話，下屬可能會想：「他是不是吃錯藥了？」但這麼想的同時，也比較不會覺得自己受到否定。

舉例來說：

「你有沒有好好聽我的指示啊——這也可能是我表達方式不好。」

「這傢伙的意見是錯的——但也可能是我的想法有問題。」

大家不妨試著養成這樣的思考習慣。

讀者看到這裡也許會想：「那只是表演而已，現實生活中，模仿諧星說話很不切實際。」

但這種不否定心態的本質，是不堅持絕對的正確答案，保留「或許有其他可能」的思維。**保留「或許有其他可能」的想法，就是建立不否定心態的第一步。**

因爲否定對方，就意味著「認爲自己是對的」。每次思考或說話時，最後加上「是嗎」，可以幫助我們自省。

「不否定對方」的第一步，就是質疑：「自己的想法眞的對嗎？」

上司或公司高層，如果能時時省思：「自己的想法眞的對嗎？」會發生什麼事情呢？

當新人提出他們從未想過的劃時代提案時，他們也不會一味地否定了。

模仿 PEKOPA 的口吻來說：**「你的提議太荒謬了——當我這麼想時，或許就是我跟不上時代了！」**

你是否被狹小世界的常識綁架了

「開拓視野」能減少否定思維

抱持某些想法，能有效幫助我們建立不否定的心態，例如：

「我是不是因爲太想貫徹自我，導致視野變窄了？」

「我的想法是不是被狹小世界的常識綁架了？」

有些人從學校畢業後，就一直待在同一家公司，不知不覺養成了「公司內部的常識」，把這當成判斷所有事物的標準。當他們參加跨界交流會之類的活動，與公司以外的人交流時，常常會有大吃一驚，並且恍然大悟的體驗。

想要拓展視野，有個簡單的練習方式。

看電視新聞或資訊性節目時，養成換個角度思考新聞或話題的習慣。這是很有效的練習方式。

舉例來說，電視新聞報導物價飛漲，先別急著怒罵：「他們根本沒考慮到消費者！」暫時放下自己的情緒，思考：「爲什麼會發生這種事情？」

題材和觀點不拘，試著從不同的角度思考，例如：

「大家都說自由主義、資本主義好，那社會主義又有哪些優點？」

「那些人稱『笨蛋藝人』（請容我基於喜愛而這麼稱呼）的諧星，爲了演活笨蛋，私底下是不是下了不少功夫呢？」

重要的是，培養不帶情緒、從不同角度看待事情的能力。

這樣一來，你會發現新的觀點。例如，當你看到那些「笨蛋藝人」在節目上罵：「他們根本沒考慮到消費者！」或許就會想到：「也許這個人是站在消費者的立場，故意講這種貼近民心的話。」

以冷靜的「疑問句」看待事情的習慣

獲得新觀點有什麼好處？

一大好處是，你能擺脫「我是對的」「我沒有錯」這種執念。

即使某些事情，直到昨天你都認爲「自己沒有錯」，仍有可能隨著時代的變遷、新的經驗、所屬公司或社群的改變等環境變化，致使你開始覺得「雖說如此，但或許有其他的看法」。

有了這樣的經驗，我們就能逐漸培養出不輕易否定他人的習慣。我們否定他人的最大原因，很可能就是因爲深信「自己是對的，對方是錯的」。

既然如此，我們必須打破這種「成見」。

舉例來說，即使對方出言抱怨，也別帶著否定的心態想：「哪有人這樣講話！」而是**用冷靜的「疑問句」思考：「爲什麼這個人要這樣講話？」**

這麼一來，你心中可能會冒出一絲好奇，千萬別忽視它。讓這份好奇心發展下去，就有機會理解對方言行背後「意想不到的理由」或「對方身處的狀況」。

我稱之爲「黑暗好奇心」，呼籲大家別放過這種好奇心。

改變「否定思維」的方法

「否定思維」使視野變狹隘，看不見重要事物

當我們用否定的心態看待一切，視野將變得狹隘，並衍生出許多煩惱。

尤其當人處在疲憊或緊張的狀態下，更難以承受人際關係的壓力。請各位多多注意，別因此黯然神傷了。

我想分享一位客戶的例子，她叫理惠（化名）。

有一次，她找我諮詢以下問題：

「我覺得周遭的人都討厭我，所以我想辭職。」

我已經和理惠聊過好幾次，但根據她闡述的內容，我不認爲周遭的人討厭她。我抱著這樣的見解繼續和她聊下去。

總結來說，她認爲自己發表意見時，常常得不到認同，久而久之，她便深信「周遭的人都討厭她」。

我和理惠接下來的對話如下：

我：「我可以說說我的意見嗎？」

理惠：「好的。」

我：「從我的角度來看，我並不認爲大家都討厭你……」

理惠：「不，大家眞的都討厭我！」

我：「我挺喜歡你喔（笑）。所以嚴格來說，並不是大家都討厭你，對吧？」

理惠：「或許是這樣，但我在職場上被大家討厭。」

我：「這樣啊。我想問一下，職場上有多少人，其中又有多少人討厭你呢？」

理惠：「嗯……我不確定有多少人，但我覺得是所有人。」

我：「這樣啊，這也是一種想法。不過我想知道實際上有多少人討厭你，可以告訴我嗎？」

理惠：「這我不知道……」

我：「所以，你只是猜測所有人都這樣？」

理惠：「嗯……可能吧。」

我：「我可以告訴你我的想法嗎？」

理惠：「好。」

我：「客觀來看，我認爲並不是每一個人都討厭你。我也和這家公司的不少人共事過，從來沒聽其他人說過討厭你的話。所以，我想現在還不是辭職的時候。」

理惠同意了我的說法，現在依然在公司裡努力實現自己的目標。

思考「自己的認知是不是事實」

就像這個例子，覺得「自己被否定」的人，不妨思考一下「這是不是事實」。

人碰到事情時，往往會穿鑿附會，擅自臆測：「我碰到這種事情，是不是因爲大家都討厭我……」

這就是所謂的「成見」。

重要的是，**從「事實」的角度看待事實。**

舉例來說，你向對方搭話，但是對方回應冷淡，或是對方經常將麻煩的工作丟給你，也不應該解釋成「因爲對方討厭我」。

「他將麻煩的工作丟給我＝他丟工作給我，我覺得那很麻煩」。

這就是從事實的角度看待事實，我們要就事論事。

如果你不喜歡這樣，應該和對方好好談談。碰到不喜歡的事情，可以拒絕、解釋，或和對方好好商量。

「回應冷淡=回應冷淡」。

這個例子也是一樣。你可能覺得對方討厭自己，但是請同樣「從事實的角度看待事實」。

如果將對方的反應視爲否定，你的視野將愈來愈窄，成見也會愈來愈深，導致無法認清事實。

請各位小心，別讓煩惱在心中愈滾愈大。

如何應對「否定你的人」

面對負面話語，不要照單全收

雖然這與「不否定的練習」這個主題背道而馳，但我想談談，當各位像理惠一樣覺得自己受到否定時，如何避免陷入煩惱。

當對方否定你時，應該抱持什麼樣的心態應對？

我們可以把自己想像成**「濾網」**。

就是煮菜時用來過濾湯湯水水的那個「濾網」。

如果像碗一樣，全盤接受對方的否定，坦白講，你一定會感到沮喪。

所以，**請想像自己是有很多孔洞的「濾網」，直接濾除對方否定話語中不必要的部分。只留下對自己可能有幫助、有必要的部分。**

「聽人說話時，把自己想像成濾網」的訣竅，是在心中區分出「必要」和「不必要」的資訊。

對於自己心中認爲「不必要」的資訊，例如否定的言詞、侮辱或責罵，無須在意。只要將對自己有所啓發、値得學習的「必要」資訊留在濾網中，記取教訓，下次改進就行了。

此外，也可以考慮與那些只會否定的人保持距離。我們沒必要與所有人打好關係，生活中難免會遇到處不來、不合拍的人，不需要勉強自己跟他們交際。

如果家人、同事、上司是這樣的人，無法跟他們保持距離的話，也可以調整相處模式，比如「只維持最低限度的接觸」，或是「設法親近，建立不會被否定的關係」。

同時，我們也要明白一件事情。

那就是，對方並沒有「濾網」。

尤其是領導者，必須體認到，團隊中大多數成員並沒有這樣的「心靈濾網」。

「講什麼廢話！工作不這樣做，要怎麼做！」

這種古早時代的激勵方式，放到現代已經行不通了。請各位明白，否定式的激勵，恐會成爲「摧毀對方的一句話」。

第3章
學習「不否定的技術」

肯定並取悅的話術

「肯定後否定」效果不佳的原因

「肯定後否定」（Yes, but）是一項知名的話術。

但各位要知道，這方法實際上幾乎毫無用處。

本質上，「肯定後否定」是先肯定對方的話或意見後，再接「但是」「可是」「話雖如此」「我倒覺得」等否定的詞彙。

當你想反駁對方時，「肯定後否定」可以「緩和否定的語氣」，但仍然是在否定對方。或許在對方聽來，這會比一開始就被斷然否定好一些，但實際上很多時候都沒有效果。

原因在於，使用這項話術的人，通常「肯定」的部分只會用一句「你說的對」簡單帶過。

換句話說，對方並不會覺得「被肯定」。

這反倒還意味著向對方宣戰，準備開始否定對方。

那該怎麼辦呢？

最近較普遍的做法，是肯定後不否定對方的「肯定後補充」（Yes, and），但我想推薦的是，**能讓對方心情更好的「肯定後表達情感」**(Yes, emotion)**。**

這是我自己開發的方法，除了出言肯定，還要釋出正面情感。例如：

「你很努力工作呢。感覺眞可靠。」

「你考得很好耶。我好高興。」

「你剪頭髮啦？我覺得很適合你。」

像這樣肯定對方，並表達自己當下的正面情感。這麼一來，便能滿足對方想被肯定的需求，讓關係往好的方向發展。

做到這一點之後，再提出自己的意見。你的意見與對方是否一致都沒關係。

與其口是心非，不如陳述「事實」即可

但是，有些情況下，運用「肯定後表達情感」的話術必須格外小心。

假如你眞的覺得對方新髮型不適合他，那該怎麼辦呢？

如果隨便使用「肯定後表達情感」的話術，卻言不由衷，對方可能會覺得你在嘲諷他。

這種時候，陳述「事實」即可。

電視節目主持人塔摩利就很擅長這種說話方式。他曾經參與一檔午間節目，常常在來賓進場時就馬上開口問道：

「你剪頭髮了？」

單純表達事實，不帶任何否定與情感。只要認可事實，對方通常就會自己吐露心聲，好比說：「對，我非常滿意這個髮型。」或是：「我剪太短了，眞傷腦筋。」

工作上也可以運用這個話術。

你對下屬說：「A公司的簡報結束了啊。」下屬可能就會回答：「我能做的都做了，剩下的就聽天由命了。」或是：「結果差強人意，下週B公司的簡報我會再加油。」像這樣，下屬會自行補充，告訴你更深層的資訊。

而且，下屬也可能因爲你的這一句提醒，思考結果的好壞，或是需要改進的地方。請各位務必嘗試這個方法。

學習「主動保持沉默」

「脊髓反射」造就否定

有一項「不否定」的技術相當重要，就是**「回話之前踩剎車」。對話中「踩剎車」的意思，就是先「保持沉默」。**

「不否定」換個方式說，就是「接受對方的意見、想法、話語」。許多溝通問題，都源自於不接受對方，反射性地回嘴。

社群媒體上的紛爭就是最好的例子。跑到別人帳號底下說壞話、留下酸言酸語的人，根本不管對方會怎麼想，他們只是反射性地想到什麼就說什麼。這就是問題所在。

想要擺脫反射性的溝通方式，首先得養成「主動保持沉默」的習慣。不要反射性地回話，先踩剎車，聽聽對方怎麼說，理解對方想傳達的意思或對方的狀況、情感。這麼一來，否定的情況自然會大幅減少。

迪士尼電影《小鹿斑比》中，兔子桑普的父親告誡他這麼一句話：

「如果說不出好話，就什麼也別說。」

正所謂「沉默是金」。沉默比多嘴更有價值，確實是如此。

將「欲望」與「行動」分開來思考

「保持沉默」聽起來容易，實際上卻非常困難。有些專業教練也很難默默傾聽客戶說話，會忍不住自己喋喋不休。

我過去參加教練培訓時，講師一再強調一件事：

「永遠記得問自己一個問題：爲什麼現在是你在說話？」

講師要我們將這點銘記在心。

「現在眞的是你該說話的時機嗎？」

「你該不會只是克制不了自己想說話的衝動吧？」

換個方式說，我們要**冷靜地判斷，明確區分「想說話的欲望」和「實際說話的行動」。**

我經常將「想說話的欲望」比喻爲「偷竊」。

我相信各位雖然有可能「出於想說話的衝動而忍不住說話」，但不太可能「出於想要某個東西的欲望而忍不住偷竊」。

我們知道「偷竊」是犯罪行爲，能夠清楚區分「欲望」和「行動」，也被灌輸了「不應該這麼做」的觀念。

既然我們都知道偷竊不好，那麼，我們也應該將「忍不住出言否定他人」視爲「不應該做的事」，清楚區分「欲望」和「行動」。

「想否定」並不等於「眞的否定」，身爲明理的成年人，要懂得「沉默」。

以下是某糖果廠商經理的案例。

這位經理與下屬面談時，總認爲「自己要帶著大家做事，工作才會順利」，所以他總是話說個沒完，指示一大堆，令員工敬而遠之。

我建議他「主動保持沉默」。這位經理實踐了我的建議後，下屬反倒開始前來攀談，工作起來也輕鬆許多。他還驚訝地告訴我：「以前完全不說話的下屬，竟然提出這麼有趣的意見。」

我問他：「你認爲怎麼做可以促使下屬發表更多意見？」他回答：「嗯……我想問問看大家最喜歡公司的哪款糖果。」於是他在面談時問了這個問題。

結果，所有下屬都開心地表示「從來沒有人問過這樣的問題」，話匣子一開便滔滔不絕。

碰到願意傾聽自己說話的人，任誰都會欣然開口。面對容易交談的對象，人們也更願意分享自己的想法和資訊。

對方說完後，默數兩秒

如果你能做到保持沉默，傾聽對方，那麼大原則就是**「一路沉默到對方說完」**。

在對方說話的過程，你可能會有好幾次想打斷對方。這時必須忍耐。如果打斷對方，就前功盡棄了。

請謹記：一旦打斷對方，就構成了「否定」。

下一步——

當你認爲對方已經說完想說的話，**請繼續保持沉默至少兩秒鐘。**

你可以在腦中默數：「一秒鐘、兩秒鐘。」

這麼做有何必要？因爲你前面一直壓抑說話的衝動，一心等著對方把話說完，所以一旦判斷對方語畢，就會迫不及待地開口。然而，這時候說出的話，很容易帶有否定意味。

這種情況，各位讀者是否很孰悉？

聽對方把話說完之後，一定要給自己大約兩秒鐘的冷靜時間。

專心在腦中默數，這點很重要。

趁默數的短暫時間，冷靜判斷自己接下來要說的話是否帶有否定意味。

如果你覺得兩秒鐘太短，不足以讓自己冷靜下來，當然要延長至五秒也沒問題。

重點是刻意給自己一點思考的時間，即使只有一瞬間也好。別反射性地回應，結果說出否定對方的話。

請將對方說完話後的幾秒鐘，視為避免自己否定對方的風險管理時間。

這與「憤怒管理」的概念相同。

如果對方說的話令你怒火中燒，也千萬別衝動朝著對方發火，否則恐破壞彼此的關係，甚至無法挽回。很多情侶不也是因為一時氣不過，吵得不可開交，最終導致分手嗎？

所以，利用這幾秒鐘的沉默，控制自己的情緒很重要。

主動保持沉默，默默聽對方說。對方說完後也繼續保持沉默，這時對方可能會說：「你今天怎麼都靜靜聽我說，你也說點什麼吧。」

如果對方這樣說，就代表你成功了，你已經獲得「可以說話」的許可。

沉默到對方感覺哪裡怪怪的，就是最恰到好處的狀態。

與其「否定對方而被討厭」，「保持沉默，維持和平的關係」才是明智的選擇。

複述對方話語的技術

不必想著「說好話」

「我必須說些好話……」

「我必須給對方一些有用的建議……」

這些想法會害你說出「但我覺得……」之類，**打著「建議」名號的「否定話語」**。

不少人都會栽在這裡。即使提醒自己不要否定對方，當有人找你商量事情時，還是很可能出於「我得說點好話」的心態，脫口說出「不是這樣」

「我倒認為」之類的否定話語。

你努力避免否定對方，貫徹沉默到現在，結果一切都泡湯了。

那麼，到底該怎麼辦呢？

你可以**「完整重複一遍對方說的話」**。簡單來說，就是「複述」。

「所以你認為……」「所以你的意思是……」像這樣重複對方說的話。

這麼一來，對方會覺得你有認眞聽他說話，同時也能幫助說話者整理思緒。

而且，只靠「複述」就足以讓對話進行下去，對方也會附和你：「沒錯，就是這樣。」接著描述更詳細的內容或解釋。

只要重複對方說的話，不需要提出任何你個人多餘的感想，也沒有同意或否定的問題，就只是單純複述。

你可以將複述想像成電視上為視障人士提供的副聲道解說。

「主角走到門邊，開門走了出去。戀人看著他走出去。」就像這樣，只是單純描述發生的事情。

當然，如果長時間的談話，你只是一再重複對方的話也很奇怪，因此，也可以嘗試簡短總結對方的話，比如：「謝謝你具體告訴我。你的意思是○○對吧？」這種時候，要盡量避免加入自己的解釋，別帶入主觀意見。

如果能夠抓住對方話語的重點，並加以總結，對方就會覺得「你有認真聽我說話」「你懂我的意思」，從而感到安心。

用「複述」控制對話速度

複述對方話語的好處之一是，可以「避免說出否定對方的話」。

另一個好處是，**能夠「控制對話速度」**。

刻意緩緩複述對方的話，放慢對話速度，這其實是實現「不否定對話」的重要因素之一。

我們平時在電視或 YouTube 上聽到的對話，遠比日常對話快上許多。爲了避免節奏拖泥帶水，流失觀眾，所以他們會刻意加快對話速度，或剪接得比較緊湊。

當我們習慣這種快節奏的對話，平常說話時也會不自覺加快速度。

我想說的是，**對話速度愈慢，愈能「仔細檢視對話內容，避免否定對方」。**

即使對方情緒激動，劈里啪啦說個不停，你也可以刻意緩緩複述對方的話，從而放慢對話速度。

這是比較進階技巧，但我也會教導專業教練「利用複述控制對話速度」。

也請各位務必親自體驗一下這項技巧帶來的效果。

「認可」的技術

接收對方的想法並複述

「難道對方說什麼都不能否定嗎？」

「如果對方提出什麼方案都接受，公司豈不是要倒閉？」

很多人也會這麼說，對此我想給予實際的答覆。誠如前文所述，「不否定」的意思是，不要打從一開始就否定對方的話語、想法、意見和行爲。

這不等於「必須對所有事情說ＹＥＳ」，所以請各位放心。商業決策上，如果要肯定所有提案，這簡直是荒謬無比。

「該否定的就要否定」「有錯的就要指出」，這些都是重要且正確的。關鍵在於**「表達的方式」**。

那麼，實際上該怎麼做呢？

答案是，**先「認可」對方說的話。所謂認可，就是「接受」的態度。具體的做法即「複述」。**

「所以你認爲……」

「所以你的意思是……」

「原來你的情況是……」

這樣就行了。這個小動作非常重要。

這不是贊成或同意，只是接受事實。即便對方說的是「不喜歡○○」之類的情緒性話語，也要概括接受。

在教練學中，這稱作「認可」。

即使認可，也不必同意

這其中包含一項很重要的思維，那就是**不必同意對方所說的內容。你只是認可「對方是這麼說的」這項事實。**

表示「認可」時，必須當心某個詞彙。

那就是「原來如此」。

「原來如此」這個詞通常不適合對上位者使用。如果你這麼說，可能會招來一些預期之外的反應，讓對方覺得你沒大沒小。請記得這個風險。

那麼，表示認可時，我們該說什麼呢？

最簡單的說法是：**「這樣啊。」**如果你和對方關係較親密，態度可以稍微放鬆一些。即使對方的話顯然有誤，你也可以說：**「這樣啊，這也是一種想法。」**

重要的是，先接受對方的想法和感受。

只要記住這一點，即使你不同意對方的話，也能做到認可。

巧妙運用「認可」的方法

「認可」有四種類型

「認可對方」的方式，大致可以分爲四種類型，分別如下：

①認可「存在」。

②認可「行動」。

③認可「過程」。

④認可「見解」。

接下來，我們逐一說明。

① 認可存在

認可「對方存在於此時此地」。

如果是與下屬面談，可以說：**「你今天抽時間過來了呢。」**或是：**「好久沒這樣面談了。」**訣竅在於客觀傳達事實。

這裡的重點是，別覺得理所當然而省略這些話。

另一個重點是，**停下原本正在做的事情。**

比方說，下屬在你工作時過來找你，這時請停下手邊動作，轉身面向下屬，看著他的眼睛微笑問：「什麼事？」

這裡的「什麼事」雖然是疑問句，但配合你的行爲，就能表示你「意識到下屬的存在」，即做到「認可存在」。

相反的，請避免做出以下行爲：

眼睛盯著螢幕，繼續處理自己的事情，擺出一副「現在不要找我說話」的表情問：「什麼事？」

千萬不可以這麼做。同樣一句話，搭配不同的表情和動作等非言語的訊息，會給對方完全不同的印象。

也就是說，**「表達什麼」很重要，「怎麼表達」也很重要。**

這一點在忙碌的職場和家庭環境中常常被忽略，所以請各位謹記在心。

② 認可行動

對於對方採取的行動或達成的結果，給予回應。

例如，當下屬告訴你，你交給他的專案順利取得了預期的成果，很成功，你可以回應：**「專案很成功呢。」**認可這個結果。

又或是，當你回到家，看到孩子爲你做了晚餐，你可以回應：**「你今天做了晚餐啊。」**你並沒有評論餐點的味道，或是符不符合自己的喜好，只將焦點擺在「對方替你準備了晚餐這項行動」。

③認可過程

前一項的「認可行動」，適用於對方採取某些行動或達成結果時。然而，**在事情還沒告一段落，你卻想表示認可時，「認可過程」更有效。**

例如，與下屬面談時，對方說：

「公司最近提倡的環保經營方針，感覺只是在畫大餅。」

站在上司的立場，你可能會忍不住說：「別這麼說，你就遵循公司的方針吧。」但這正是需要認可對方的時候。

你可以簡單說一句：

「原來你是這樣想的啊。」

這句話能夠促使下屬進一步分享自己的想法，你也可以避免說出否定的話。

這句話非常簡單，建議大家將這句話存進自己的「詞彙庫」。

再舉個例子，如果孩子抱怨你太晚回家，他覺得很寂寞，你也可以使用「認可過程」的技巧。別說：「沒辦法，爸爸（媽媽）在努力工作，你要乖乖忍耐。」改說：**「你覺得很寂寞啊。」**

我想說的是，孩子並不是想聽父母辯解，只是單純希望父母聽聽他的感受。所以，過度預判對方的想法並不是個好主意。

我建議各位試圖去理解對方的感受和想法，並表示認可。

④認可見解

最後一種**「認可見解」，是在你即將否定對方的意見時使用的認可方式。**

我最近和一位剛開始學習教練學的人談話，對方表示：「教練應該是走在客戶前面一步的人。」

我身爲擁有多年經驗的專業教練，立刻想反駁他：「不對，教練應該是跟在客戶身後半步的人。」但這正是運用「認可見解」的機會，所以我回應道：

「這也是一種想法呢。」

接著，對方便侃侃談起自己對教練學的看法和想法。

以下幾種說法，可以做到「認可見解」：

「這也是一種想法呢。」

「聽起來眞新鮮。」

「我大概懂你的意思。」

「認可見解」，是在告訴對方「我確實接收了你的想法」。至於「我同意還是反對」，則是另外一回事。以棒球來比喻，就好比捕手確實接住了投手投過來的球，至於這球是好球還是壞球，則另當別論。

如果能善用這些認可的詞彙，就能避免說出否定對方的話，讓對話延續下去。

四種認可類型

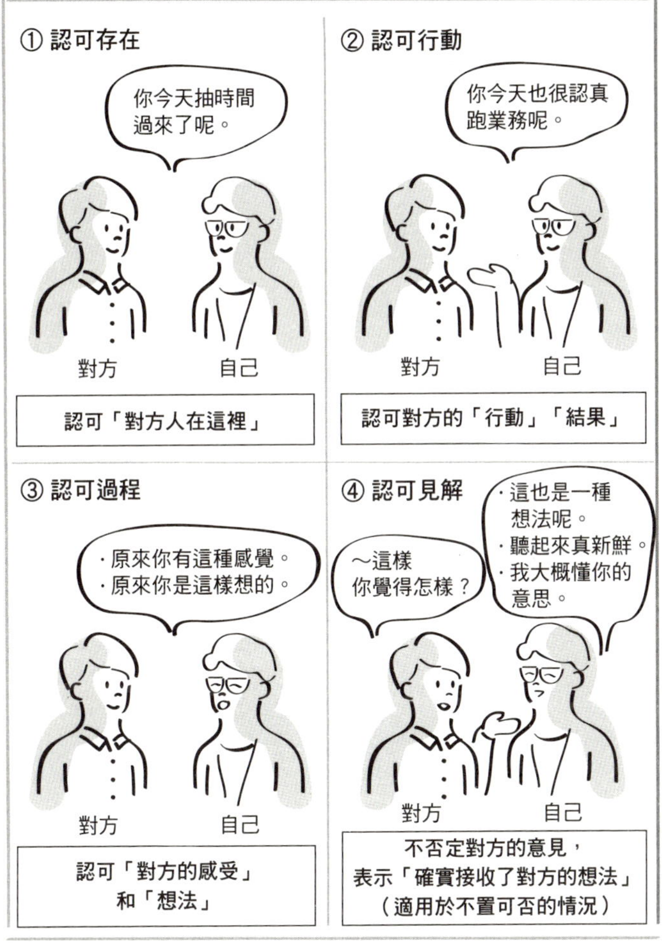
① 認可存在
你今天抽時間過來了呢。
對方
自己
認可「對方人在這裡」
② 認可行動
你今天也很認真跑業務呢。
對方
自己
認可對方的「行動」「結果」
③ 認可過程
・原來你有這種感覺。
・原來你是這樣想的。
對方
自己
認可「對方的感受」和「想法」
④ 認可見解
～這樣你覺得怎樣？
・這也是一種想法呢。
・聽起來真新鮮。
・我大概懂你的意思。
對方
自己
不否定對方的意見，表示「確實接收了對方的想法」（適用於不置可否的情況）

無法「同意」時，如何表達「認可」

引導對方提出其他選項

假設你問一起吃飯的同伴：「今天想吃什麼？」對方回答：「今天想吃鰻魚。」

但是你那天胃不舒服，想吃點清淡的東西。

該如何讓對話延續下去呢？

你不想否定對方，卻又希望改吃別的東西，可以這樣回應：

「鰻魚啊，不錯呀。那你還有其他想吃的東西嗎？」

像這樣，先認可對方想吃鰻魚的想法，如果無法同意，再詢問是否還有其他選項。

對方可能會反問：「那你想吃什麼？」對方給了你「發言許可」，這時，你就可以表達自己的想法：「我胃有點不舒服，吃蕎麥麵好不好？」

「不否定」，不等於「言聽計從」。

你可以在不否定對方的情況下，詢問其他選項，或是主動提出其他可能。你還可以說：「你喜歡吃鰻魚啊，我記得了，下次我們約個時間慢慢吃。」暫時擱置對方一開始的提議。

我將這種暫時擱置的行爲，形容爲**「放進冰箱」**。

你可以這麼說：「這樣啊，這是個好點子。我們先把這個想法放進冰箱，你還有其他的想法嗎？」

想像一下在公司裡與下屬對話的情境。

假設你與下屬面談，你問對方：「你下一期想做什麼？」下屬回答：「我想做不同的工作，希望轉調部門。」

雖然這個要求很唐突，但你也不能說出：「這可不行！」請耐著性子說：「你想轉調部門啊，我先記下來。」這就是放進冰箱式的回答方式。

接著可以進一步鼓勵下屬闡述他的想法，例如：「你有這樣的想法啊，所以呢？」

這麼一來，對方可能會開始審視自己的想法：「話雖如此，但我手上的專案才做到一半……」最後推翻自己的想法：「現在換部門可能不太好。」

有些人聽到下屬想轉調部門，會立刻反問：「那你現在手上的專案怎麼辦？」帶著責備的語氣試圖說服對方，但這樣只會適得其反。當對方提出自己的想法，丟出一顆球給你，你卻判斷這球有問題，**打從一開始就拒絕接**

球，那就是在否定對方。

你需要做的是，認可對方丟出這顆球的事實，先接住這個球。但你不見得要同意。

接住球後，再詢問對方：「還有沒有其他球？」確認對方手上還有沒有其他球，對方也可能自己換一顆球丟出來。

這種方法可以在不否定對方的情況下，讓對方自行察覺其他選項。

「放進冰箱」的東西，一定要記得拿出來

「你想轉調部門啊。也不是不行，我先記下來。」**你可以像這樣暫時擱置對方的意見，但千萬不能忘掉它。**

對方可能是想到手上的專案還在進行，所以才遲遲沒提出轉調部門的請求。然而，專案結束後，你一定要詢問對方：

「上次你說想轉調部門，現在你有什麼想法呢？」

重要的是讓對方知道「我記得你說過的事情」。

以前面吃鰻魚的例子來說，幾天後，你又提起：「上次你說想吃鰻魚，要不要今天去吃？」對方會覺得：「你真的記得我說過的話！」

我們也聽過演藝圈有類似的佳話。一位年輕的助理導演承諾年輕藝人：「我將來當上製作人，一定會用你。」後來真的兌現承諾，讓藝人感動地說：「他真的記得當初說過的話！」

這可以說是**「穿越時光的認可」**。

如果你曾經將對方的想法放入冰箱，千萬別忘了拿出來。

無法「同意」時，如何表達「認可」

（例）
討論吃什麼時，
如果不同意對方的提議

鰻魚啊，
不錯呀。
還有其他的嗎？
今天想吃
鰻魚。
擱置
鰻魚
鰻魚

無法「同意」時，先擱置對方的提議
（＝放進冰箱）

幾天後

上次你說
想吃鰻魚，
要不要
今天去吃？
鰻魚

「放進冰箱」的東西，一定要記得拿出來

練習加上「是嗎」

養成區分「事實」與「認知」的習慣

有些人總會一口咬定某些事情「就是這樣」。

對於這樣的人，我想問一句話：

「那真的是對的嗎？」

生於波蘭華沙的哲學家阿爾弗雷德·柯日布斯基有句名言：「地圖不等於疆域。」

這句話的意思是：無論地圖看得多熟，自以爲多了解那個地方，實際前往後，也可能發現完全不一樣。所以，別以爲看了地圖就了解實際情況。

所謂的見聞，都是「解釋」，而非事實。

一個人無論閱歷再豐富，也只能基於自己幾十年人生的經歷或見聞來判斷事情，因此不可能絕對正確。

儘管如此，有些人卻自比全知全能的上帝，總是斷言：「事情就是這樣！我說的絕對不會錯！」但此話一出，很可能就已經錯了。

我想說的是，**不要輕易地自以爲是。**

爲避免陷入這種狀況，我建議，**養成在說話或思考的最後，加上「是嗎」的習慣。**這是避免自己否定他人的練習。

舉個例子。

某天早上，同事說：「我昨天晚上吃了蛋糕。」

這時你會怎麼想？

你可能會想：「這樣啊，眞不錯。」

這裡請停下來想一想，你只知道他吃了蛋糕，但「吃了什麼蛋糕、吃了幾塊、和誰一起吃、在什麼情境下吃的」，一概不知。

但你卻先入爲主地認爲「眞不錯」。

也許他想說的是：「昨天是孩子的生日，原本應該早點回家，和家人一起慶祝的。因爲臨時加班，回到家時，家人都睡了，只好自己一個人孤零零地吃蛋糕。」

因此，聽到對方說「我昨天晚上吃了蛋糕」時，應該想的是：**「眞不錯……是嗎？」**

加上「是嗎」很重要，這可以幫助我們覺察「吃蛋糕＝愉快的經驗」，只是我們自己的臆測。

「他來做喔，那一定會失敗！……是嗎？」

「他一定是討厭我，才會把這種工作丟給我！……是嗎？」
「那是我尊敬的○○說的，所以一定不會錯！……是嗎？」

面對任何事情，請像這樣思考。

除非是明確的事實，否則面對任何事情都應該考慮到「各種解釋的可能性」，千萬別妄下定論。

比方說，電視報導某位經營者表示：「平日加班和假日出勤都是理所當然的事情！」但這或許只截取了發言的其中一句話，原話可能是：「如果趕不及交貨，會給客戶添麻煩的，這種情況下，平日加班和假日出勤都是理所當然的事情！」

不要盲信自己看到和聽到的，加上「是嗎」，可以避免先入爲主，造成誤解，或是過度相信僅是冰山一角的資訊。**加上「是嗎」，你將看見不一樣的世界。**

調整「非言語訊息」，消除否定

「態度」比言語更具說服力

人類是唯一會使用語言的動物，但我們也能從非言語的表現獲取大量資訊。甚至有研究指出「非言語溝通比言語溝通的影響力更大」。

因此，即使你並未說出否定的詞彙，但在態度上否定對方，也是功虧一簣。記得，這些對方都感覺得出來。

有些人以爲「只要不出言否定就好了」，但事情沒這麼簡單。

我希望大家多注意以下幾種「流露出否定態度的非言語訊息」：

流露出否定態度的非言語訊息

- **皺眉。**
- **撇嘴。**
- **雙手抱胸。**
- **翹腳。**

這些都是讓身體某部分交叉的動作，身體呈現出具否定意味的「×」，我認爲這很符合人類的本能。

「抖腳」「看手錶」或「看手機」也是，顯示出「我不想再聽你說話了」的態度。

這些動作完全流露出否定對方的態度。

溝通時，**「給對方的印象」和「說什麼話」一樣重要，甚至可能更重要。**

不否定對方的非言語溝通術

在所有「肯定的非言語訊息」中，笑容特別重要。

首先，請照照鏡子，看看自己平常的表情。你可能會驚訝自己看起來是多麼不高興。

「常保笑容」講起來容易，但即使是專業教練也很難做到。

我們工作時無法錄下自己的表情，但可以請信任的同事觀察你和下屬談話時的表情，或透過遠端會議的畫面檢查自己的表情。

如果發現自己嘴角沒有上揚，請提醒自己掛上笑容。平時多注意這一點，將帶來很大的改變。

話雖如此，如果你覺得「常保笑容」強人所難，那麼請試著「盡量每天心情愉快地度過」。

我相信很多人都碰過一種狀況，明明一早都還沒跟對方說上話，卻感覺對方心情很差。

沒錯，**就算不說話，別人也感覺得出你心情好不好。**

請盡可能保持自己的「好心情」。

有人可能會想：「心情會隨著每一天而不同吧？」

其實，可以換個角度想，我們可以自己討自己開心。問問自己：「我想抱著什麼樣的心情度過今天？」這能幫助我們主動選擇自己的心情。

記得，我們可以管理自己的心情。

如果你發現自己心情煩躁，不要任由情緒擺布，停下來想想：「我現在感受到了什麼？」簡單來說，我們可以藉由梳理自己的情緒，給自己冷靜下來的時間。

接著再問自己：「我現在有被情緒牽著鼻子走嗎？」這一瞬間的「反思」和「意識」，就是管理心情的關鍵。

「微笑」的習慣，使彼此心情愉快

無論心情好壞，都努力保持笑容，也是一種做法。

我曾經擔任國際教練聯盟日本分部的理事長，那段期間，常常有人拿著手機問我：「能不能讓我拍張照？」

他們會將照片上傳至社群媒體，我剛上任那段期間，看到他們上傳的照片，驚覺自己幾乎沒什麼笑容。

因此，我一再對著鏡子練習，養成任何情況下，只要看到鏡頭就擺出笑容的習慣。我很認真地練習，終於養成隨時都能保持笑容的特技。

從此之後，由於我總是笑臉迎人，對方也會被我的笑容感染而揚起嘴角，形成一種連鎖反應。不僅如此，對方的笑容也令我感到輕鬆愉快，這也是連鎖反應之一。

也就是說，爲了管理自己的心情，我練就了「常保笑容」的技術。

這只是其中一種方法。管理心情的方法很多，希望大家都能找到適合自己的方式。

即使學會不否定對方的心態和溝通方式，如果不能管理自己的心情，仍有可能不小心否定對方。

管理心情，即控制情緒。

我想說的是，「不否定」既是一項「技術」，也是一種「習慣」。

如果不小心否定了對方，怎麼辦

彌補否定後果的技術

「不否定的技術」章節結尾，我要談「說話時不小心否定了對方，該怎麼辦」。

假設你和下屬面談時，不小心說了否定的話，這時該怎麼辦呢？

答案其實比想像中簡單。

彌補就好。

如果是導致彼此關係破裂的重話，或許沒那麼容易修復。但如果你已經一再提醒自己注意，卻還是不小心說出聽起來具有否定意味的話，那還是有可能補救的。

具體上，你可以這麼說：

「抱歉，我這麼說好像在否定你。」

「這樣講聽起來像在否定你，讓我更正一下說法。」

像這樣，先表達「自己無意否定」，然後再說出真正想說的事情。

以上，請各位務必實際應用在本章學到的「不否定的技術」。

如果發現自己說話時不小心否定了對方，請坦然道歉並即時彌補，這樣就沒問題了。

避免對方覺得被否定的技術

避免造成否定感受的三種表達方式

在人際關係中，我們都希望不被對方討厭。雖然要做到人見人愛很困難，但只要停止否定別人，任誰都能做到不惹人厭。不惹人厭，換個方式說，就是介於「對方既不喜歡也不討厭」的中立狀態。

理想上來說，從這種中立狀態出發，只要能讓對方內心的指針偏向「對自己有好感」百分之一的程度，我認爲就稱得上是一種正面的人際關係了。

想要建立這種關係，重要的還是不否定對方。

話雖如此，實際上還是會碰到「不得不否定對方的場面」。

因此，我要介紹三種「避免造成否定感受的表達方式」，幫助各位獲得那百分之一的好感。

① 詼諧幽默

這是一種稍微否定對方，卻不會使對方覺得被否定的小技巧。

舉個例子，你聽了對方的提案後，從容地笑道：**「來這招啊！」「還有其他點子嗎？說說看！」**

如果以嚴肅的表情和語氣否定對方，可能會造成致命傷，不過，以有趣、歡樂的感覺表達，對方也比較不會往心裡去。

② 留下退路

舉個例子，你在檢查下屬寫的企畫案時，發現了一些問題。

這種時候，別劈頭否定對方，你可以說：**「這份企畫案還沒完成吧？」**

「還有其他候補方案嗎？也讓我參考看看。」像這樣留下退路，不必將對方逼到無路可退的地步。

③暗示期望

「這個方案也不錯。不過，我覺得你能提出更好的方案，希望你可以再多想一下。」

「就我過去觀察下來，我覺得你這次還沒發揮全部的實力。」

像這樣認可對方的潛力，請對方再進一步挑戰，就能表達出自己肯定目前的方案，同時希望對方改進、調整的意思。

這種技巧在教練學上稱作「挑戰」，相信對方的潛力，不甘於現狀，提出更強烈的要求。

不否定任何人，替自己建立「低調的加油團」

題外話，聽說有位電影導演從不會對演員的演技喊NG，而是說：

「很好，太棒了！我們再來一次，這次試試看其他演法。」

他會讓演員演好幾次，再挑選最終使用的鏡頭。

這也是一種「不否定的技術」。

面對努力背好台詞、營造好情緒的演員，如果導演說：「你演那什麼東西！」演員可能會對導演產生反感或畏懼，這些小事情一點一點累積到最後，難保不會影響整部作品的品質。

這一點在公司的上下關係中尤爲重要。如果能讓下屬心想：「既然是這位上司要求的，那我就再試試看！」而不是：「那種上司要求的，我才不想理……」也可能大大改變整個團隊的成果。

我認為在現實中，「喜歡上司到無法自拔」的情況極其罕見。相反的，對上司厭惡至極的情況卻是屢見不鮮。

我相信一個團隊裡，對上司既不喜歡也不討厭的人其實不少，這一類人可能才是多數。

如何與這一類人溝通，將大幅影響團隊的績效。

你平常是怎麼和人溝通的呢？

重要的不是試圖「討人喜歡」或「避免惹人厭」，而是養成對所有人都採取「不否定溝通」的習慣。

根據我的經驗，如果能像前面提到的電影導演那樣，在溝通方式上花點心思，很多人都會覺得「幫你一點忙也沒關係」，進而形成對你抱持低調好感的加油團。

這種**「覺得幫你一點忙也沒關係的低調加油團」，在工作上可是非常大的助力。**

你有沒有聽人說過：「一個人之所以了不起，是因爲身邊的人願意爲了他挺身而出。」

那正是因爲這個人成功打造出一群龐大的低調加油團。

容我再次強調，打造低調加油團的關鍵在於不否定他人。即使碰到不得不否定對方的場面，也要選擇對方不會（不容易）覺得被否定的溝通方式。

這一點請各位務必多加留意。

打動人心的「魔法」三個字

成爲人際關係「潤滑劑」的魔幻咒語

前面提過，即使不同意對方所說的內容，也要認可「對方是這麼說的」這項事實。

這種情況下，有個魔法詞彙可以使彼此的關係變得更好。

那就是**「不愧是」**這三個字。

早期的電視劇或電影，經常出現「哎呀！董事長，您眼光眞好」之類阿諛奉承的場面。這種對話雖然很老套，但奇妙的是，被奉承的人並不會感到不快。

可惜這種巴結的做法，如今已稍嫌落伍，不適合應用於現代的溝通。

如果用現代的角度來詮釋這種說法，我想就是「不愧是」。這種說法同樣很奇妙，聽的人也不會心生不快。

實際使用上，通常會搭配其他語句：

「不愧是○○，竟然能發現這一點，你眼光眞銳利。」

「不愧是○○，這麼積極，已經要進入下一步了。」

站在專業教練的角度，溝通時我會盡量避免過度讚揚，但「不愧是」這三個字，使用場合相當廣泛，所以我也會適時運用。

換句話說，「不愧是」可以成爲對話的潤滑劑，幫助對話順利進行。請各位務必嘗試看看，將這三個字融入對話中。

第4章
培養「不否定的習慣」

「實況轉播」的習慣

爲容易否定他人者設計的自我教練

「明知道『不能否定他人』，卻還是忍不住否定對方……」

這一章，我特地爲這樣的讀者設計了自我教練的方法。

爲了養成「不否定的習慣」，可以趁晚上睡前或早上起床時，花一些時間和自己對話。

利用這段時間進行自我教練，培養不否定的習慣。

自我教練，顧名思義就是自己當自己的教練。爲了養成不否定他人的溝通習慣，請嘗試在晚上睡前或洗澡等獨處的時候進行。

我先介紹一下自我教練的基本觀念。

不要急著攀附理論，**先停下腳步，好好理解當下發生的事情。**

簡單來說，就是「知己知彼」。

因此，我們可以採用「實況轉播」的方式，回顧一天發生的事情。

- **今天是怎麼樣的一天？**
- **忙碌嗎？還是相對輕鬆的一天？**
- **我和什麼樣的人共度了時光？**
- **我有哪些情緒來了又去？**

請回顧以上這些事情。你可能會陷入想找理論、找解方的心態，想著：「到底哪裡出問題？」「我該怎麼做才好？」「怎麼做才是對的？」

然而，這時候我們不需要尋求理論。若你發覺自己陷入這種心態，請退回先前的問題。

只需要單純地回顧並捕捉事實。

過程中，你或許會意識到自己有意或無意間否定了某人。

當你回想起這些事情，先別急著思考「當初應該怎麼做」，**請先專注於「自己否定了對方」的客觀事實，仔細回顧當下的狀況。**這就是稱爲「實況轉播」的自我教練方法。

這麼一來，你可能會慢慢看見自己否定行爲背後的「想法」或「意圖」，搞不好當中還包含了「惡意」或「嫉妒」。

這些否定行爲的根源是什麼？

請靜下心來好好思考。

透過這個過程，我們可以掌握自己否定行爲的動機，揭開想要否定對方的原因，還有否定的心理機制。

本書將否定背後的思緒稱作「本質」。

分析、回溯自己一天行動的訓練

如果能做到這一步，你將意識到，「本質」正是導致你做出否定行爲的根源。

換句話說，你會釐清因果關係。一旦釐清因果關係，就會意識到否定只是其中一個行動選項，其實你還可以採取其他方式。

接下來，我想搭配一些更具體的例子。

假設某一天，你和下屬討論下個月要向客戶提案的新產品廣告企畫。你打斷了下屬的意見，表達自己的想法，這時下屬忿忿地撇下一句：「算了！」逕自走回自己的座位。

你可以利用以下幾個問題，回溯當天發生的事情，進行「實況轉播」。

- **發生了什麼事？**
- **有什麼事情順利？**
- **有什麼事情不順利？**
- **我有沒有否定對方？如果有，爲什麼要否定？**

既然是「實況轉播」，我們只需要俯瞰事實，內觀自己。不需要想著：「到底哪裡出問題？」「我該怎麼做才好？」「怎麼做才是對的？」

假設你透過「實況轉播」，得出了以下結果：

・發生了什麼事？

↓我話說到一半，下屬忿忿地撇下一句：「算了！」逕自走回自己的座位。因爲我也很生氣，所以當天沒有做任何補救，就這麼回家了。

・有什麼事情順利？

↓平時不太發表意見的下屬，今天卻坦承了自己的想法。

・有什麼事情不順利？

↓聽到下屬眞正的想法後，不小心否定了他。

・我有沒有否定對方？如果有，爲什麼要否定？

↓有。因爲公司絕對無法實現他的想法。我認爲必須盡早讓他明白這不可能，不能讓他空有期待。雖然是出於好心，但我立刻就否定了他。

像這樣，冷靜地回溯當天發生的事情，而非急著找出解方。在這個過程中，你發現否定的本質是出於好心。

至此，你也能看見其他的行動選項：「既然是出於好心，或許我可以換一種說法。先認可對方的意見，再告訴他：『很遺憾，照公司目前的狀況，這是不可能實現的，我認爲這件事情暫且保留比較好。』這樣一來，下屬可能就不會生氣了。」。

無論面對什麼情況，都以「實況轉播」的方式，冷靜地回顧自己的一天，這是培養不否定習慣的基礎自我教練。

實況轉播練習

回顧一天或某個場面，捕捉「事實」

〈提問順序〉

① 發生了什麼事？

② 有什麼事情順利？

③ 有什麼事情不順利？

④ 我有沒有否定對方？如果有，為什麼要否定？

重點

一開始先別思考「當初應該怎麼做」，別急著找解方

了解對話時「自己只要在場就好」

當我們回顧過去，反省自己的言行舉止，有時候會冒出負面的念頭，像是「早知如此，何必當初」之類的想法，這是再正常不過的事情。

因此，進行自我教練時，有一個很重要的認知。

那就是，與他人對話時，對方其實「不需要你多管閒事」。

這是什麼意思？

對下屬來說，只是因爲你人在這裡，所以他才開口說話。

換句話說，**只要你人在場，就已經盡到絕大部分的責任了。**

比方說，當與下屬面談時，你應該提供他什麼呢？

答案是「讓對方說話和整理思緒的『安靜時間』」。

如果你執意「要做點什麼」，結果多說了不必要的話，等於你自己放棄沉默就能達成的責任。

請提醒自己，「對方並不需要你主動做什麼」。

想想看，你和某人說話時，應該也期望對方「無條件地默默傾聽」。至少你不會希望對方在你說話時插嘴、說教，或是提出你連聽都不想聽的建議吧？

我常常告訴自己：

「我正在與一位成熟的成年人交談。如果他需要一些客觀的建議或判斷，他自己會提出要求。如果他沒說，代表他只希望我默默傾聽。」

對話時，基本上「你只要在場就盡到責任了」。

這種觀念，正是培養不否定的習慣相當重要的前提。

改善說話方式的「六行對話練習」

「回顧對話」，增加下次談話的選項

很多人說話時有個習慣，動不動就想虧一下對方。例如：

對方：「我昨天原本想吃拉麵，跑到平常去的拉麵店一看，竟然公休。」

自己：「你怎麼這麼笨。應該先上網查一下他們有沒有營業啊。」

這段對話雖然成立，卻可能讓對方感到不悅。某些自認「人生閱歷豐富」的人，還可能這麼回應：

對方：「我昨天原本想吃拉麵，跑到平常去的拉麵店一看，竟然公休。」

自己：「眞是浪費時間。不過人生總會發生這種事情，過去的事情就讓它過去吧。」

就是有人會講這種話。他們或許覺得自己給了對方有益的回應而心滿意足，但對方可能心想：「你懂什麼……」

還有一些人，以爲自己能洞悉對方的言外之意，於是這樣回應：

對方：「我昨天原本想吃拉麵，跑到平常去的拉麵店一看，竟然公休。」

自己：「這樣啊。那我們今天一起去那家店吃拉麵怎麼樣？」

他們認定對方之所以提起這件事情，是因爲「昨天沒吃到，今天想吃」，於是搶先一步提出建議。乍看之下很貼心，其實只是一廂情願。

在教練學中，**對話的焦點要擺在「未來」的「理想狀態」，而非「過去」。這也是一種「未來導向」思維。**

舉例來說，一名專業教練聽完對方說話，會思考「對話接下來的發展」，放眼未來，規畫談話的方向。

讀者畢竟不是專業教練，或許不需要像這樣規畫談話的方向，不過，我想介紹一個練習方法，請務必嘗試看看。

我用剛才拉麵的對話爲例，解釋這個方法。

首先，請想像自己是一名編劇，試著寫一段腳本。

如果寫腳本太難，也可以想像成六格漫畫。

不過，也不需要實際畫出漫畫，寫出「六行對話」的台詞，也能達到同樣的效果。

趕緊試試看吧。

當對方表示：「昨天原本想吃拉麵，跑到平常去的拉麵店一看，竟然公休。」這時該怎麼接話比較好呢？相信讀者讀到這裡，一定也有概念了。

沒錯，就是複述對方的話。記得複述對方的話，再發揮想像力，發展成六行對話。以下舉個範例：

我將對話的起點設定爲：「我昨天原本想吃拉麵，結果跑到平常去的拉麵店一看，竟然公休。」接著寫出六行對話：

① 自己：「是喔？你跑到平常去的拉麵店一看，結果竟然公休啊。」（複述）

② 對方：「我也沒辦法，只好去另外一家我沒去過的拉麵店。」

③ 自己：「這樣啊，你去了一家新的拉麵店。」（複述）

④對方：「然後我發現那家店有夠好吃，眞是慶幸我平常去的那家店剛好公休。」
⑤自己：「原來有這樣的店啊（認可）。再跟我多說一點好不好？」
⑥對方：「我發這家店的網址給你。下次找時間一起去吃。」

想像這樣的對話，也是培養不否定習慣的自我教練方式之一。

實際與人交談時，如果出現像前述那些不良範例的回應，導致對方提早結束話題，我們可以**回顧對方當下說的話，思考如何接話才能使對話順利進行，想像接下來的六行對話**（稍多或稍少都沒關係）。

順帶一提，我認爲像這樣「採取未來導向思維，建構對話腳本，將對話引導至良好方向的能力」，對於必須洞察機先、精準判斷情勢的經營者來說，是非常重要的資質。

六行對話練習

回顧今天的對話
模擬該如何回應
寫在筆記本上

寫下對方說的話

① 自己：

② 對方：

③ 自己：

④ 對方：

⑤ 自己：

⑥ 對方：

思考自己的其他回應並寫下來（①）

②以下可以全憑想像

重點

盡量寫得口語一點，才有對話的感覺

養成俯瞰視角的「換位子練習」

移動並改變視角的四個步驟

這聽起來可能很廢話：否定性對話中，一定有兩名角色，也就是你和對方。前面介紹的自我教練方法，都是透過回顧、俯視彼此的對話，思考更好的溝通方式。

接下來，我要介紹一種配合實際行動的方法。請找一個寬敞的空間，準備三張椅子，排成三角形。接下來，請嘗試以下四個步驟。

① 坐在自己的椅子上，重現自己說過的話

事不宜遲，請坐在其中一張椅子上。

這就是你的位子。

然後，請你回答以下問題：

「請坐在這張椅子上，重現你不小心否定了對方的對話內容。你當時向對方說了什麼？」

這個問題是起點。請稍微思索過後，實際開口說出你當時說的話。說完後，請回答下一個問題：

「你說出這些話的時候，有什麼感受？」

假設你回答：

「我當時非常生氣，一氣之下就口無遮攔了。」

這時，你清楚意識到了自己憤怒的情緒。

請務必像這樣試著回想說話當下的感受。

②換到對方的位子

第二步，請坐到對面的椅子上。

對面的椅子代表你交談的對象。

請問，你和對面的椅子隔了多遠的距離？

近得膝蓋都快碰在一塊了嗎？還是遠在房間的兩端？

請根據你和對方的親近程度，調整椅子的位置。現在在你的對面的，應該就是你剛才坐的「自己的椅子」。

接下來，我會下達一項指示，請花點時間想像一下。

「你現在已經化身為當時交談的對象。請試著模仿對方的動作和表情，徹底化身為對方。」

至此，「步驟二」已準備就緒。現在，請你站在對方的立場，回答以下問題：

「聽到對方否定自己的言論，你有什麼感受？」

回答問題時，請將自己完全代入對方。

假設你回答：

「我非常不開心。明明他自己都做不到，憑什麼說那種不負責任的話。」

重點來了。請站在對方的立場，體會對方的想法與感受。透過實際換位子，我們更容易設身處地。千萬別只是坐在桌子前思考，請實際動起來。

接下來，我再問一個問題：

「還有其他的想法或感受嗎？」

搞不好你會回答：

「我覺得他刺到了我的痛處，所以我才覺得不中聽，也因此更加惱怒。」

「步驟二」到這裡結束。

換位子練習（I）

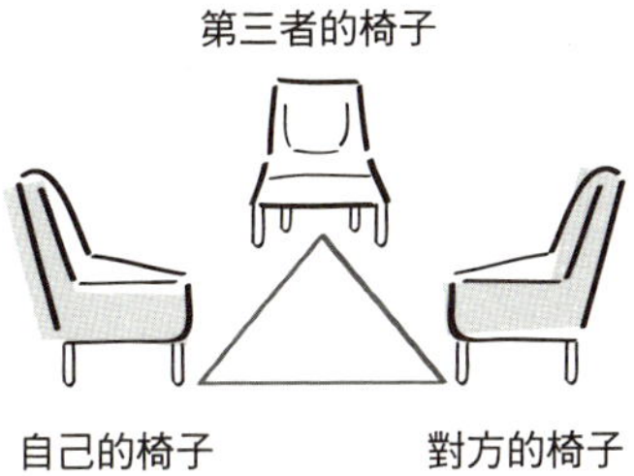

準備三張椅子，
排成三角形

步驟 1 坐在「自己」的椅子上

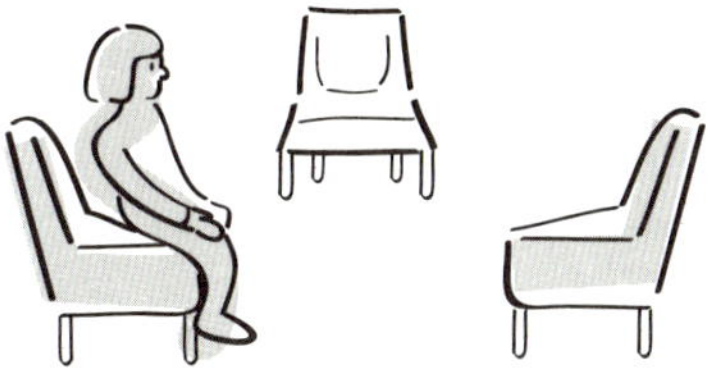

① 回想自己向對方說的話

② 思考自己「當時的感受」

步驟 2 坐在「對方」的椅子上

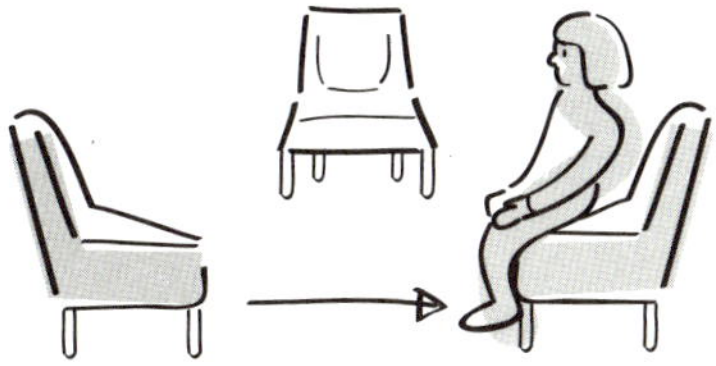

① 徹底化身為對方，回答以下問題：

② 「聽了對方（即你自己）的話，你有什麼感受？」

③ 「還有其他的想法或感受嗎？」

③ 扮演聽兩人對話的第三者

現在，請換到最後一張椅子。

最後這張椅子，請放在離前面兩張椅子稍微遠一點的地方，可以俯視全場。想像三張椅子連起來會形成一個三角形。

這張椅子代表「虛擬」的第三者的視角。說得更具體一點，這個虛擬的第三者，一直在一旁偷聽這兩人的對話。

請你坐在這張椅子上，冷靜觀察這兩人的對話。

接著，請回答以下問題：

「當你冷靜聽這兩人的對話，你有什麼感想？」

讓我猜猜，你可能會這麼回答：

「這兩人一直說一些很無聊的事情。就算要指出對方的痛處，也不用這樣講話吧……明明換個說法，對話會更有建設性。他們難道不知道這種說話方式只會火上加油嗎？」

當你覺得自己可以恢復冷靜、平淡的「客觀視角」，就是再次換位子的時候了。

④坐回一開始的椅子，重新思考

歡迎回來！漫漫長路眞是辛苦你了！

步驟四，請你坐回一開始的椅子。

還記得這是「你」的椅子吧？

現在，我想再問你兩個問題：

「你現在回歸自己的身分了。那麼，坐過對方的椅子和第三者的椅子之後，你有什麼發現？」

「根據你的發現，你認爲可以怎麼改進？」

以上就是透過實際換位子，體會對方狀態的大致流程。

這項實驗的關鍵，是實際利用椅子，改變自己所在位子。透過實際換位子，從對方的位子，看著否定對方的自己，這樣更容易做到將心比心。

而且，我們在步驟三體驗了第三者的視角，有助於產生客觀的見解，也更容易想到其他解決方案。

雖然這種方法需要一點空間和時間，但相信你會從中獲得一些發現，請務必嘗試看看。

換位子練習（II）

步驟 3 坐在「第三者」的椅子上

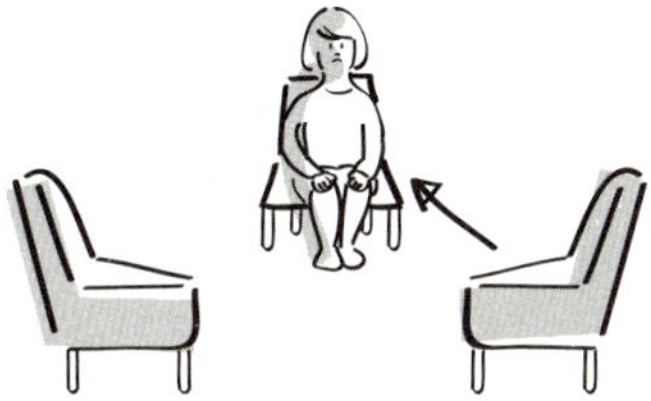

① 想像自己從第三者的角度聽兩人的對話，回答以下問題：

② 「冷靜聽這兩人的對話，你有什麼感想？」

步驟 4 坐回「一開始的椅子」（你的椅子）

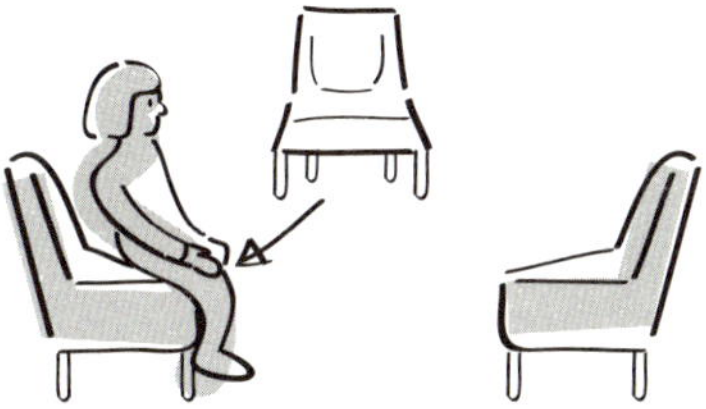

① 坐回一開始的椅子，回答以下問題：

② 「你有什麼發現？」

③ 「根據你的發現，你認為可以怎麼改進？」

重點

實際移動身體，帶動感受與思考

「知道」和「做到」有著天壤之別

唯有實踐才有意義

目前爲止，你對這些「不否定」的方法有什麼感想？

其中可能包含一些「好像聽過的方法」。

即便如此，請你務必實踐所有可行的方法。

只是「知道」，並沒有意義，唯有實際採取行動，才有意義。知道卻不實踐，現實也不會有任何改變。

實際上，我在擔任培訓課程的講師時，常常有學員嘴上說：「什麼嘛，這些都很簡單啊～」結果實際碰到問題時，才發現自己完全做不到。

「知道怎麼做」和「實際做到」是完全不同的兩回事。

舉個例子。

我曾經叮嚀某位新手教練：「面對學員，可以多笑一些。」對方卻反駁我：「我有啊，我沒辦法再笑得更開了！」

於是，我試著錄下這位教練的上課過程，放給他看，他才明白自己根本沒有笑容。

即使你「自認知道」「自認有做到」，很多時候可能「根本沒做到」。

許多機構的專業教練資格認證，必須滿足「學習時數」和「實際教練時數」這兩項標準。舉例來說，要成為國際教練聯盟的初階認證教練，必須達到六十小時以上的學習時數，和一百小時以上的實際教練時數。

從實際教練時數需求大於學分時數，也可以看出單純學習知識，並不代表能夠徹底運用所學。

印度流傳的抓藥故事

我曾經聽過這樣一則故事：

在印度某個城鎮，有位名聲響亮的名醫。

有位病人從遙遠的村莊長途跋涉而來，只爲求名醫替他看診。

病人拿到了名醫抓的藥，興高采烈地回到村莊。

回村裡後，他將好不容易取得的藥供奉在神龕上，每天膜拜。

他還四處向村民們炫耀：「聞名天下的醫生替我看診，還抓了藥。」

然而，他只是炫耀這藥有多珍貴，卻從未服用，因此病情也沒有好轉。

你怎麼想？

那帖藥的藥效再好，不服藥也不可能將病治好。

這則故事的寓意是，無論得到多麼寶貴的教誨，若只是心存感激或自滿炫耀，卻不加以實踐，這些教誨也毫無意義。

無論在料理教室學到了多麼美味的食譜，如果不實際動手做，就不會有成功或失敗的問題，也不會知道味道的差異。

當你實際去做，才會發現自己其實還有一些不清楚的地方，例如：「這調味料是大匙，還是小匙？」「這食材要怎麼切？」

唯有實際去做，才能真正掌握所學。

接下來，進到最後的第五章，我會從「不否定對方」的基礎出發，進一步介紹「建立良好人際關係的對話技巧」。

第5章

建立「良好人際關係」的對話技術

引導對方說話的「應和」基礎句

應和如同「搗年糕」

我在第三章建議各位「主動保持沉默，聽對方把話說完」。

話雖如此，一直保持沉默，對方也很難持續說下去。

因此，**要適時「應和」對方，趁著對方換氣的時機，給一些反應，就像兩個人「搗年糕」一樣。**

「應和」和「搗年糕」很像。

搗年糕時，一個人負責搗，另一個人則趁著對方將杵舉起來時，將年糕翻面，好均勻搗到所有部分，也避免年糕黏在木臼上。

對話時，要像替年糕翻面的人一樣，抓準時機應和，即可全方位深入話題，也避免談話中斷，引導對方一直說下去。

這就是「應和」的效果。

請將應和想像成「迅速翻動年糕」的動作，句子不必太長，否則只會打斷對方說話。以搗年糕來比喻，這就像縮手不及，結果被對方的杵敲到手。

因此，不必想著「要說一些爲對方好的話」，簡短地回應即可。

以下是「應和」的五個基礎句：

「應和」的五個基礎句

「這樣啊。」

「能不能多講一些？」

「還有呢？」

「怎麼說？」

「那怎麼辦？」

說得極端一點，只要將這五個基礎句記下來，配合對方說的話輪流使用，不必多說其他話，對話也能進行下去。

對方也會因爲得以暢所欲言，而心滿意足。

像「轉盤子」一樣對話

當你和某人交談時，請試著想像這樣的情景：

你和對方之間，有個盤子在棒子頂端轉個不停。

這個盤子，就是你和對方現在的對話。

狀態好的時候，這個盤子會穩穩地轉動，就算不管盤子，對話也能順利進行。

然而，**否定的言行，就如同出手拍掉或停下轉動的盤子，讓盤子掉下來，自己則在旁邊轉起另一個盤子。**

本書介紹的複述和認可等方法，則可以讓盤子轉得更加順暢。

夫妻吵架時，經常會出現一種情況：其中一方否定另一方說的話，逕自轉起其他盤子。

「不否定的對話」，就是讓盤子維持穩定、漂亮旋轉的最佳手段。

這個控制盤子旋轉的人，就是你自己。

這個「想像成轉盤子」的方法，不僅能運用在與他人交談時，開會或討論事情時也能派上用場，讓討論更加順利。

開會時，你可以將「議題」或「討論內容」想像成盤子，確保與會者共同維持盤子穩定旋轉。時時觀察有沒有人試圖拍掉盤子，轉起另一個盤子，引導會議順利進行。

讓對話與討論更有建設性的「提問」方法

掌握兩種提問方法

接下來，我要介紹建立良好人際關係和信任關係的對話技巧。不同讀者、不同對話情境下，每個人交談的對象與內容也不盡相同，大家可以靈活運用這些技巧。

首先要介紹的是提問技巧。

問題大致上可以分爲兩種類型：**「封閉式問題」和「開放式問題」**。

理解這兩種問題的差異，並區分使用時機，即可有效掌控對話，也能夠避免否定對方。

關於這兩種問題，直到十多年前，普遍認爲「提問時應一律採用開放式問題」。但現在看法已經改變，認爲適時發揮「封閉式問題」和「開放式問題」各自的優點，效果更好。

我們看看這兩種問題各自的特徵。

封閉式問題

提問內容具體，對方幾乎可以只用「是」或「否」回答。我方（提問方）說話的時間較長，對方（回答方）說話的時間較短。

對方只需要選擇「是」或「否」，非常容易回答，因此有助於建立心理安全感，卻很難激發對方的自主性和創造性。

開放式問題

提問時不會舉具體的範例，而是讓對方自由回答。我方（提問方）說話的時間較短，對方（回答方）說話的時間較長。

雖然對方的回答內容更自由，但心理負擔也更大。不過，心理負擔較大的另一個效果，是有助於對方發揮自主性和創造性。

由此可見，這兩種問題的效果正好相反。

「開放式↓封閉式」法則

以下介紹如何有效運用這兩種問題。

這個方法就是——

先提出開放式問題，再換成封閉式問題，重問同一件事情。

這已經成爲推銷話術等領域的鐵則。就像下面這個範例：

自己：「關於剛才介紹的產品性能，您有什麼感想？」（開放式問題）

對方：「我覺得〇〇這個功能非常實用。」

自己：「所以您對於剛才介紹的〇〇功能有好感，覺得很實用對吧？」（封閉式問題）

像這樣輪流使用開放式問題和封閉式問題，累積小小的肯定回答，是非常有效的推銷手段。

「先提出開放式問題，再換成封閉式問題，重問同一件事情」，這個技巧也能運用在上司與下屬的對話中。

舉例來說，**「你今天想聊什麼事情？」**這是開放式問題。

下屬回答完後，你再問：**「你今天想聊○○是嗎？」**這是封閉式問題。

有意識地區分使用這兩種問題類型，清楚知道「自己現在向對方提出的是開放式問題，還是封閉式問題」，你會更容易管理對話的進行。

下面再舉個例子。

下屬工作上犯了錯，這時候你說：「你覺得犯錯沒關係是不是！」這其實是封閉式問題，下屬根本無從回答。

那麼，換個問法如何？

「你在○○事情上犯了錯，有什麼原因嗎？」

這是開放式問題，讓對方有解釋的機會。

下屬回答：「其實那位客戶經常惡意投訴，這次的事情根本不是我的錯。那位客戶長期以來都是這樣，所以我考慮這次交易後就不再合作。」像這樣重要的資訊，也是經由提問才得以知道。

想要加深彼此的關係，就不要窮追猛打，留一條後路給對方，讓對方有解釋的機會。

此外，還有一種問法：

「你從這次錯誤中學到了什麼，可以怎麼改進？」

這是未來導向，促使對方思考改進方法的開放式問題。

接著再告訴對方：**「我們一起想想解決方案。」**也能讓彼此的關係變得更好。

與對方眼神交流的最佳時機

不可以「一直盯著對方的眼睛看」

我在第三章提過，「對話時，非言語訊息比言語訊息更重要」。

關於非言語訊息，我還沒談到眼神交流的部分。

大家應該常聽人說「講話時要看著對方的眼睛」吧？

眞的是這樣嗎？

先不論以前是怎樣，但現在有很多人並不擅長與人面對面溝通。坦白說，如果你說話時一直盯著對方的眼睛看，大多數人都會感到不自在。「講話時要看著對方的眼睛」這並沒有錯，但「一直盯著」對方的眼睛看，這就過頭了。

該怎麼做才好呢？

很簡單，**只要在「對方開口時」「對方斷句時」「對方語畢時」，看一下對方的眼睛就夠了。**

對方只會記得他開始說話和說完時，你有沒有看著他。所以，你可以在對方開口時，以及感覺話快說完時，看一下對方的眼睛。

對方說話期間，斷句時，也就是感覺語句中出現「句點」的時候，可以趁機應和一句「這樣啊」，並看向對方的眼睛。

如此一來，對方就不會產生「一直被盯著看」的壓力，也不會覺得你「連看都不看自己一眼」。

貿然說出「我懂」會被討厭

從「我懂」改成「我好像懂」

和別人談話時，你是否經常說出以下這種回應？

「啊，我懂！」

但你眞的懂嗎？

還是，**你只是基於自己的想像，就以爲自己懂了呢？**

我也碰過這種情況。

有一次，我收到一封諮詢郵件，信中寫道：「上司要我『說話有邏輯一點』，請問我該怎麼做？」我險些反射性地回覆：「我懂。」才寫到一半，就連忙打住。

接著，我腦中浮現這句話：

「嗯？我眞的懂嗎？搞不好我根本不懂。」

於是我回覆對方：

「這樣啊。上司要你說話有邏輯一點，我好像懂。」

我的意思是，**在任何情況下，都不要斷定「我懂」，頂多表示「我好像懂」。**

因爲你不是當事人，怎麼想，都不可能完全理解對方的感受。

你是不是也經歷過下面這樣的對話？

對方：「我看了〇〇這部電影，超感動的！」
自己：「啊，我懂，我也很感動！」

拜託，對方覺得感動的場景，和你覺得感動的場景可能完全不同。對方可能是因爲自己的人生經歷，讓他對電影主角產生共鳴而感動不已，也可能是被某位演員的演技打動。

你卻自以爲了解，便輕率地回應：「我懂。」對方可能會覺得：「呿，你明明什麼都不懂。」

因此，想要建立良好的人際關係，別輕易說出「我懂」。建議採用以下的說法：

「我好像懂。」
「我大概懂一半。」
「我好像明白你的意思。」

「我大概理解八成左右。」

不要把話說死，說自己完全明白。

針對公開發表的數據或新聞報導等，表示「我懂」沒問題，但對於他人的主觀意見或情感，改說「我好像懂」，談話會更順利。

這聽起來微不足道，不過，**慎選自己說出口的一字一句，終能培養出不否定的習慣。**

向對方「提議」的方法

不要擅自「打開冰箱」

當我提到「請不要否定別人說的話」時，有些人會問：

「假如我沒有否定的意思，只是想就對方的話提出建議，請問我該怎麼做？」

會有這種疑問很正常。否定與提議是兩回事，向對方提出建議並沒有問題。我也能體會大家對於如何表達建議而傷透了腦筋。

每當有人問起這個問題，我會用以下的比喻回答：

「你第一次拜訪別人家時，你會隨便開人家的冰箱嗎？」

當然不會嘛。除非你已經去過很多次，彼此熟到不行。

如果是第一次拜訪別人家，你當然不會隨便打開人家的冰箱，也不會擅自使用廁所。那麼該怎麼辦？很簡單——

徵求對方的許可就行。

「我買了麥茶過來，想借你家冰箱冰一下，我可以開冰箱嗎？」

「可以借個廁所嗎？」

同樣道理，對方說完話之後，如果你想提出建議，先表示自己確實接收到對方的想法，再接著問：

「我可以說說我的提議嗎？」

聽到你這麼說，幾乎不會有人拒絕，說自己不需要建議。

重點來了，**即使你知道對方會答應，也要口頭徵求許可後再提議，絕對不能跳過這個步驟。**

更重要的是，**要明白，對方有權決定要不要接受你的提議。**如果你是上司，更要明確告知下屬這一點：

「我可以說說我的提議嗎？要不要採納看你自己。如果你有更好的想法，也歡迎提出來。」

「這不是命令，你可以自己決定要不要這麼做。還是你有更好的想法，也希望你告訴我。」

可以把「提議」想像成蘋果，你將蘋果放在桌上，「要不要拿」則取決於對方。

提出建議之前，無論對方是下屬還是任何人，都要取得對方的許可。

並且告知對方，採納與否的選擇權在他手上。

只要做到這件事情，對方一定會更加信賴你。

許多人在提議時會說：「這樣做準沒錯。」預設對方一定會採納自己的提議。這特別容易發生在上司對下屬的情況。

不給對方採納與否的選擇權，那就不是提案，而是你「高高在上的勸告」，甚至是「命令」。

各位在提議之前，不妨先表明：「這不是勸告，也不是命令，只是想說說我的想法。」

即便你只是想說說自己的意見，對方也可能覺得自己被全盤否定。所以，請務必記得：「先取得對方的許可後再提議」。

表達「強烈意見」的對話技巧

切換說話模式的技術

現在你已經知道，「提議」之前，要先徵求對方的許可。那麼，如果不只是提議，而是更爲強烈的意見，甚至聽起來像「否定」的意見時，該怎麼做才好呢？

這並非出於心直口快，而是冷靜看待雙方的對話，評估自己的情緒之後，判斷自己最好當場提出「強烈的意見」。

舉例來說，上司希望下屬成長，有些時候必須刻意予以更爲強烈的意見、指示或命令。

這時候，你需要**「切換說話模式」**。

我曾經在某家公司，目睹一位人品深受下屬信賴的業務經理，痛斥一位女性業務助理。

業務助理似乎犯了不該犯的錯，招致客戶投訴，經理正針對這件事情加以指正。

當時，業務經理用非常嚴厲的口吻說道：

「幸虧這次事情解決了。如果情況沒有改善，可能造成客戶莫大的困擾，破壞公司的信譽。萬一事情變成那樣，可就不是與A公司結束合作這麼簡單的問題！」

挨罵的業務助理一臉快要哭出來的表情。

我心想：「他罵得可眞凶……」繼續觀望了一陣子，突然間，業務經理彷彿回過神來，改變了聲調。

他停頓了一下，語氣一轉，溫柔勸導：

「所以我們一起想辦法，避免同樣的事再次發生吧。」

從嚴厲到溫柔，他的語氣轉換十分精彩。如果用音樂來比喻，就好比從大調轉成小調。

原本快要哭出來的業務助理，也突然露出得救的笑容說道：「是！還請您多多鞭策。」

看到這一幕，不禁打從心底佩服這位深受下屬信賴的領導者。

先請對方「做好心理準備」

切換說話模式的技巧，或許沒那麼容易掌握。

我會告訴各位具體上該說些什麼。

當對方說完話，而你無論如何都想要提出嚴厲的意見時，可以稍微收起原本溫和的表情，壓低聲調，然後這麼說：

「我可以說一些可能有點批判性的意見嗎？」

「我可以說一些比較嚴厲的話嗎？」

「我希望你成長，所以想說些比較苛刻的建議，可以嗎？」

當你想要「提議」時，記得徵求對方的許可。而當你要表達「強烈的意見」時，同樣要徵求對方的許可，不過，是徵求「做好心理準備聽你說話的許可」。

讓對方明白**「接下來我要說一些比較嚴厲的話，請做好心理準備」**。

聽到你這麼說，應該很少有人會說：「不要，我不想聽，請不要說。」大多數人都會覺得膽戰心驚，一邊想著你接下來要說的話究竟有多嚴厲，一邊回應：「好的，請你告訴我。」。

既然對方已經做好心理準備，你就可以表達「強烈意見」了。

這麼做的好處在於，對方甚至會準備好面對「整個人格都遭到否定」的情況。

這樣會發生什麼事？對方聽完你的「強烈意見」後，應該會想：

「你突然壓低聲音說要講『批判性的意見』，我還以爲會嚴厲到哪裡去，好險沒什麼大不了的……」

沒錯，對方聽了你的「強烈意見」，反而會鬆一口氣，心想「好險只有這樣」。

即使你的「強烈意見」確實是「相當嚴厲的意見」，但因爲對方已經做好心理準備，所以聽了也不至於太震驚。

而且，對方也同意你提出意見，所以也不太可能對你大發雷霆。

題外話，像神探可倫坡或古畑任三郎這種早期刑偵劇的主角，他們在指出犯人說詞的矛盾前，也會先問對方：「不好意思，最後可不可以讓我說一句？」得到發言許可後才直搗核心。

所以，當你準備向對方提出「嚴厲的意見」或「近乎否定的話語」時，請記得「先讓對方做好心理準備」。

如果對方說的話刺激了你

別讓情緒成爲「脫韁野馬」

「建立良好人際關係的對話技術」這一章也來到了最後。

我想分享，有些時候，和對方談著談著，不僅「想要否定對方」，甚至「怒火中燒，情緒激動起來」，這時該怎麼辦呢？

本書介紹了許多「不否定的技術和習慣」。

然而，你我都是人，有時候難免會被對方說的話刺激到，情緒激動起來。

這種情況下，重點在於「能否覺察自己現在情緒很激動」。意識到「自己現在很生氣」之後，你是要告訴對方：「我現在很生氣。」還是任由情緒脫韁，破口大罵？

不管怎麼做，你都很生氣，但處理上的一念之差，將帶來截然不同的結果。

對方的反應，映照出你的反應。

即使怒火中燒，如果能夠懸崖勒馬，冷靜地告訴對方自己現在的情緒，對方也會冷靜地接受並回應：「對不起，我說得太過分了。」但如果你情緒失控，破口大罵，對方也可能不甘示弱，怒聲回應。

無論多麼生氣，都得謹記：**讓情緒淪爲「脫韁野馬」，不會有好下場。**

不必強忍憤怒，但要盡量避免情緒失控，不要衝著對方發洩。

重要的是，**說出自己眞實的感受，對方也會感到安心。**

如果你很生氣，將這份情緒告訴對方，就可以將「主觀資訊」轉換爲「客觀資訊」。

舉例來說，面對屢屢遲到的員工，你可以說：

「我很不高興你幾乎天天遲到，希望你改善。你怎麼看呢？」

像這樣，表達自己的情感之後，客觀地要求改善。接下來輪到對方回答了。

對方可能會說：「對不起，我自己一個人住，早上沒人叫我起床，所以常常睡過頭。」

如果你只是說：「你知道遲到不好吧！」對方聽了也只能回答：「我知道。」

因此，最後冷靜地詢問對方：「你怎麼看呢？」這是關鍵。

只要是人，都會有想要否定別人的時候。也因爲我們是人，所以生活中才會有這麼多的情緒起起伏伏。

你可能無意否定對方，只是替對方著想，對方卻覺得你在批評他。有時無心的一句話，也可能讓氣氛變得尷尬。

這些都是有可能發生的。無論我們怎麼做，都不可能徹底避免別人將我們的言論視爲否定。

如果對方覺得你在否定他，我相信，只要回想一下本書提及的技巧和心態，應該就能當場和對方修復關係了吧。

後記

本書的主題是建立「不否定」的溝通習慣。我根據自己的經驗，介紹了周詳而細膩的溝通技巧，可以運用在日常對話中。

撰寫本書的時候，我也反思自己在日常生活中是不是不自覺地否定了他人。即便身爲一名溝通專家，很多時候，我說的話也會讓對方覺得被否定，這讓我非常沮喪。

我們都是人類，情緒上來時，難免會想要否定對方，或是以強硬的語氣壓迫對方，抑或是出於善意，向對方提出建議。

專業教練雖然是訓練有素的談話專家，但其實和大家都一樣，情緒上來時，一樣控制不了。

最後，我想說的是，我並不是希望大家完全抑制這種衝動，過上「完全沒有否定的生活」，而是「我們任何時候都可以重新開始」。

我稱之爲「彌補行動」。雖然反思過去，並不會改變已經發生的事情，但我們可以選擇自己想要的「未來」，我們可以自己創造這樣的機會。

本書介紹了許多「彌補行動」的技術和觀念。

當你意識到「自己不小心否定了對方」的時候，本書就派上用場了。歡迎各位讀者嘗試我介紹的任何一種方法，並感受其效果。

希望世界上有更多人像各位一樣，學會「不否定」的溝通方式，讓我們的日常對話變得更溫和、友善。

我相信，當對話更活絡，人與人之間也會更和睦，促成許多新點子，人類天生的能力也得以開花結果。雖然就只是在溝通時、在每一次對話時，避免否定對方，但積少成多，也有助於人類進化。

我每天都抱著這種想法，希望自己與面前的人交談時，能夠更加細心以對。

尾聲已近，最後我想談的還是「人」。

本書得以出版，絕非我一個人的功勞。

首先，我要感謝編輯鹿野哲平先生，給了我這麼寶貴的機會，讓我從專業教練的角度，重新思考「不否定的對話」。眞的非常感謝他，爲我的專業注入新的活力。

西澤泰生先生也是我不可或缺的合作夥伴，他透過教練的方式，協助我梳理文章，補充不足之處。書中許多方法和案例，都是經由西澤先生的提問才浮現。

多虧兩位的參與，本書才得以完成。

此外，書中的案例，大多啓蒙於我與他人的溝通經驗，包含我當教練時認識的領導者、學員、我的得力助手兼門生。多虧有各位，我才能將這些內容分享給廣大讀者。謝謝各位一直以來的關照。

既然談到「人」，那麼絕對不能不提到「你」。

非常高興這本書能遇見你。

衷心希望你與你重視的人之間，溝通能夠更圓滑，並且藉由與他人的交流，找到內心的平和，輕鬆建立人際關係。

我相信本書能幫助你打造自己「期望的未來」。

最後，非常感謝你將本書讀到最後。

林　健太郎

Eurasian Publishing Group
圓神出版事業機構
用心與你對話・視野無限寬廣
先覺出版社
Prophet Press

www.booklife.com.tw reader@mail.eurasian.com.tw

人文思潮 175

不否定的練習：比讚美、肯定更有效的人際關係法則

作　　者／林健太郎
譯　　者／沈俊傑
發 行 人／簡志忠
出 版 者／先覺出版股份有限公司
地　　址／臺北市南京東路四段50號6樓之1
電　　話／（02）2579-6600・2579-8800・2570-3939
傳　　真／（02）2579-0338・2577-3220・2570-3636
副 社 長／陳秋月
副總編輯／李宛蓁
責任編輯／劉珈盈
校　　對／林淑鈴・劉珈盈
美術編輯／李家宜
行銷企畫／陳禹伶・黃惟儂
印務統籌／劉鳳剛・高榮祥
監　　印／高榮祥
排　　版／莊寶鈴
經 銷 商／叩應股份有限公司
郵撥帳號／18707239
法律顧問／圓神出版事業機構法律顧問　蕭雄淋律師
印　　刷／祥峰印刷廠
2024年10月　初版
2025年4月　5刷

定價 350 元　　ISBN 978-986-134-510-9　

心理安全感不是一個人就能營造出來的，必須由雙方共同建立不否定彼此的關係，打造沒有否定和拒絕的環境，如此才能確保心理安全感。

爲此，我們能做的，就是停止「否定式溝通」，養成不否定的習慣。

——《不否定的練習：比讚美、肯定更有效的人際關係法則》

國家圖書館出版品預行編目資料

不否定的練習：比讚美、肯定更有效的人際關係法則／林健太郎著；
沈俊傑譯. -- 臺北市：先覺出版股份有限公司，2024.10
224 面；14.8×20.8公分 --（人文思潮；175）
譯自：否定しない習慣
ISBN 978-986-134-510-9（平裝）
1. 溝通技巧　2. 人際關係
177.1　113012755